iHuman

成
为
更
好
的
人

[万物]

自行车
自由之轮

It's All About the Bike
The Pursuit of Happiness on Two Wheels
Robert Penn

[英] 罗伯特·佩恩 ———— 著
邱宏萍 ———— 译

广西师范大学出版社
·桂林·

自行车：自由之轮
ZIXINGCHE: ZIYOU ZHI LUN

It's All About the Bike The Pursuit of Happiness On Two Wheels
Text Copyright © Robert Penn
First Published 2010
Simplified Chinese edition copyright © 2019 by Guangxi Normal University Press Group
Published under licence from Penguin Books Ltd.
Penguin（企鹅）and the Penguin logo are trademarks of Penguin Books Ltd.
First published in Great Britain in the English language by Penguin Books Ltd.
All rights reserved.
封底凡无企鹅防伪标识者均属未经授权之非法版本。
著作权合同登记号桂图登字：20-2016-300 号

图书在版编目（CIP）数据

自行车：自由之轮 /（英）罗伯特·佩恩(Robert Penn)著；邱宏萍译 . —桂林：广西师范大学出版社，2019.10
书名原文: It's All About the BikeThe Pursuit of Happiness On Two Wheels
ISBN 978-7-5598-2037-2

Ⅰ. ①自… Ⅱ. ①罗…②邱… Ⅲ. ①自行车—普及读物 Ⅳ. ①U484-49

中国版本图书馆 CIP 数据核字（2019）第 172129 号

广西师范大学出版社出版发行
（广西桂林市五里店路 9 号　邮政编码：541004）
网址：http://www.bbtpress.com
出版人：张艺兵
全国新华书店经销
北京盛通印刷股份有限公司印刷
（北京经济技术开发区经海三路 18 号　邮政编码：100176）
开本：889 mm×1 240 mm　1/32
印张：9.25　　　　字数：190 千字
2019 年 10 月第 1 版　2019 年 10 月第 1 次印刷
定价：48.00 元

如发现印装质量问题，影响阅读，请与出版社发行部门联系调换。

目 录

1　　前言　小王后

31　　车架　钻石之魂

73　　控向系统　弧形车把，掌中乾坤

129　　传动系统　链齿相扣，整装待发

163　　车轮　至圆至美，如蒙神助

231　　车座　铆钉之上，座与心同

263　　大功告成　万里寻车，绝不徒劳

279　　致　谢

285　　附　录

287　　图片版权

前言

小王后[1]

---

1. 小王后：La Petite Reine，法语，是对自行车的昵称。2014 年出品的一部关于自行车运动的加拿大电影，也以此为片名，中文译名《疾速王后》。（如无特别说明，文中注释均为译者注）

辛劳的攀登者啊,终有一日,
会找到那梦想的翅膀。

——亨利·查理斯·比钦[1]
《骑车冲下山坡——一个男孩的歌》
(*Going down Hill on a Bicycle, A Boy's Song*)

---

1. 亨利·查理斯·比钦(Henry Charles Beeching, 1859—1919):英国牧师、作家和诗人。

"见识一下未来吧。"布奇·卡西迪（Butch Cassidy）边说边指点着埃塔·普莱斯（Etta Place）坐在他自行车的车把上。伴随着波特·巴克拉克（Burt Bacharach）作曲、比利·乔·托马斯（B. J. Thomas）演唱的主题曲《雨点纷纷落在我头上》，布奇和埃塔骑车出了农场，顺着一条土路疾驰而下。

这是最著名的电影插曲之一，还得了奥斯卡奖。1969年电影《虎豹小霸王》[1]上映时，电影海报的主题画面就是这一对骑在自行车上的情侣。值得一提的是，电影里的自行车车技，确是保罗·纽曼自己表演的。这段插曲在影片中有着重要的象征意义：不只是恢恢的法网在围剿着这一伙已经现出沉沉暮气的枪手，以自行车为象征的未来也在驱逐着他们。结束在农场躲藏的日子的那场戏中，布奇将那新奇的骑行机器推下了山坡，这辆没有骑手的自行车一头栽入了路边的沟渠。"未来都是你的，你这破自行车！"布奇冲它嚷道。翻沉在溪水里的自行车轮，又"踢嗒、踢嗒、踢嗒"地转了几轮，终于停了下来。布奇和"太阳舞小子"在西部冲杀驰骋的日子到头了。他们要去玻利维亚，要到那里去重塑旧日的辉煌。

---

1. 《虎豹小霸王》：1969 年上映的美国西部电影，原名为 *Butch Cassidy and the Sundance Kid*，获得奥斯卡最佳摄影、最佳原创剧本、最佳配乐和最佳歌曲。《雨点纷纷落在我头上》(*Raindrops Keep Falling on My Head*) 就是本片获得奥斯卡最佳歌曲奖的主题曲。影片由保罗·纽曼（Paul Newman）饰演主人公——抢匪布奇·卡西迪（Butch Cassidy），罗伯特·雷德福（Robert Redford）饰演他的搭档，绰号"太阳舞小子"（The Sundance Kid）。

威廉·戈德曼（William Goldman）的原创剧本也拿到了奥斯卡奖，它是根据罗伯特·勒罗伊·帕克（Robert LeRoy Parker）和哈里·隆格巴（Harry Longabaugh）的真实故事改编而成的。这是一对恶名昭著的火车大盗，是江湖有名的匪帮"野帮"[1]的成员。1901年，他们从怀俄明州逃到了阿根廷。那是大变革结束的时代，不只对狂野的西部而言，对整个西方世界都是如此。

对生活在19世纪最后那10年的很多人来说，他们想象中的未来实在是来得太快了些。这10年，见证了第一个国际长途电话的接通，目睹了"瓜分非洲"的实情，看到了英国工党的创建，还迎来了国际体育运动合理化和系统化变革，以及第一届现代奥林匹克运动会的举办；海洛因以及镭和铀的放射性在那时被发现；纽约的华尔道夫-阿斯托里亚酒店（Waldorf-Astoria）和巴黎里兹酒店（Paris Ritz）在那时开张；涂尔干[2]在那个年代开创了社会学；那个年代具有里程碑意义的社会思潮

---

1. "野帮"：The Wild Bunch，是19世纪末美国西部一个有名的匪帮，主要活动在堪萨斯州、密苏里州、阿肯色州和俄克拉荷马州，他们四处抢银行、抢商店、劫火车，杀执法人员，最后被军警联合剿灭，团伙成员大多死于非命。
2. 艾弥尔·涂尔干（Émile Durkheim, 1858—1917）：法国犹太裔社会学家、人类学家，与卡尔·马克思及马克斯·韦伯并列为社会学的三大奠基人，《社会学年鉴》创刊人，法国首位社会学教授。他为社会学的科学化奠定了坚实基础，对确立社会学为一门独立学科作出了巨大的贡献。

包括了工人权益和退休养老金制度；洛克菲勒家族[1]和范德堡家族[2]在那期间积累了无可比拟的巨额私有财富；X光和电影摄像技术在那个时期诞生；威尔第[3]、普契尼[4]、柴可夫斯基[5]、马勒[6]、塞尚[7]、高更[8]、莫奈[9]、威廉·莫里斯[10]、蒙克[11]、罗丹[12]、

---

1. 洛克菲勒家族：约翰·戴维森·洛克菲勒（John Davison Rockefeller，1839—1937），美国慈善家、资本家，1870年创立标准石油（Standard Oil），也是20世纪第一个亿万富翁。这个家族涉足工业、政治和银行业等领域。
2. 范德堡家族：一个原本生活在荷兰，兴起于镀金时代的美国家族。他们的财富最早来自由康内留斯·范德堡（Cornelius Vanderbilt，1794—1877）创建的航运与铁路运输帝国，后来慢慢拓展到其他诸多领域。
3. 朱塞佩·威尔第（Giuseppe Verdi，1813—1901）：意大利作曲家，歌剧大师。
4. 贾科莫·普契尼（Puccini Giacomao，1858—1924）：继威尔第之后意大利最伟大的歌剧作曲家，是"真实主义"歌剧乐派的代表人物。
5. 彼得·伊里奇·柴可夫斯基（Peter Ilyich Tchaikovsky，1840—1893）：俄罗斯浪漫乐派作曲家，其作品有民族乐派特征，但仍以浪漫风格为基准。
6. 古斯塔夫·马勒（Gustav Mahler，1860—1911）：奥地利作曲家、指挥家。
7. 保罗·塞尚（Paul Cézanne，1839—1906）：法国著名画家，风格介于印象派和立体主义画派之间。
8. 保罗·高更（Paul Gauguin，1848—1903）：法国后印象派画家、雕塑家，与凡·高、塞尚并称为后印象派三大巨匠。
9. 克劳德·莫奈（Claude Monet，1840—1926）：法国画家，被誉为"印象派领导者"，是印象派代表人物和创始人之一。
10. 威廉·莫里斯（William Morris，1834—1896）：英国艺术与工艺美术运动的领导人之一。世界知名的家具、壁纸花样和布料花纹的设计者兼画家。他同时是一位小说家和诗人，也是英国社会主义运动的早期发起者之一。
11. 爱德华·蒙克（Edvard Munch，1863—1944）：挪威表现主义画家、版画家。他对苦闷强烈的、呼唤式的处理手法对20世纪初德国表现主义的发展起了主要的影响。
12. 奥古斯特·罗丹（Auguste Rodin，1840—1917）：法国雕塑艺术家，主要以纹理和造型表现其作品，具有巨大的心理影响力，被认为是19世纪和20世纪初最伟大的现实主义雕塑艺术家之一。

契诃夫[1]、易卜生[2]、亨利·詹姆斯[3]、威廉·巴特勒·叶芝[4]、鲁德亚德·吉卜林[5]、奥斯卡·王尔德[6]、约瑟夫·康拉德[7]、托马斯·哈代[8]，所有这些大师、巨匠都在那时处于创造力的巅峰。那是非凡的10年，是维多利亚时代[9]的顶点。

而发生在其间的核心事件，就是自行车的兴起。1890年，美国据估计有15万人骑自行车，而那时候，一辆自行车的价格是一个工厂工人年工资的一半。到了1895年，它的价格就只相当几个星期的工资了，每年都新增加一百万骑自行车的人。

布奇和埃塔骑的那种自行车叫作"安全型"。这是第一种现代型的自行车，是人类为寻找一种人力运载工具经过了漫长而艰辛的探索才取得的硕果。它是1885年在英格兰被"发明"

---

1. 安东·契诃夫（Anton Chekhov, 1860—1904）：俄国小说家、戏剧家、19世纪末期俄国批判现实主义作家、短篇小说艺术大师。
2. 亨里克·约翰·易卜生（Henrik Johan Ibsen, 1828—1906）：挪威戏剧家、诗人，被认为是现代现实主义戏剧的创始人。
3. 亨利·詹姆斯（Henry James, 1843—1946）：美国小说家（英籍）。
4. 威廉·巴特勒·叶芝（William Butler Yeats, 1865—1939）：爱尔兰诗人、剧作家和散文家，著名的神秘主义者，是"爱尔兰文艺复兴运动"的领袖，也是艾比剧院（Abbey Theatre）的创建者之一。
5. 约瑟夫·鲁德亚德·吉卜林（Joseph Rudyard Kipling, 1865—1936）：英国著名诗人、散文家和小说家。
6. 奥斯卡·王尔德（Oscar Wilde, 1854—1900）：爱尔兰作家、诗人、剧作家，英国唯美主义艺术运动的倡导者。
7. 约瑟夫·康拉德（Joseph Conrad, 1857—1924）：生于波兰的英国小说家，是少数以非母语写作而成名的作家之一，被誉为现代主义的先驱。
8. 托马斯·哈代（Thomas Hardy, 1840—1928）：英国诗人、小说家。
9. 英国的维多利亚时代（Victorian era）：前接乔治王时代，后启爱德华时代，其后期是英国工业革命和大英帝国的峰端，与爱德华时代一同被认为是大英帝国的黄金时代。它的时限常被定义为1837至1901年，即维多利亚女王（Alexandrina Victoria）的统治时期。

的。3年之后，这台骑行机器加上了充气轮胎，变得舒服多了，于是自行车的第一个黄金时代开始了。

正如法国文豪维克多·雨果的名言："敌军的入侵是可以抵挡的，然而顺时应势而来的思想是势不可挡的。"这"自行车轮之福音"传播得如此迅速，人们开始纳闷：这么简单的东西怎么会在之前那么长的时间不为人所知呢？

自行车制造业从一开始的小手工作坊发展成很大的产业。先是自行车开始在流水线上大规模生产，然后设计环节从制造程序中独立出来，接着开始由专业的工厂供应标准化的零件。19世纪90年代，在美国专利局注册的所有专利项目中，有三分之一与自行车有关。事实上，在华盛顿哥伦比亚特区，甚至还有一栋建筑是为自行车业注册专利专用的注册所。

在伦敦举办的斯坦利自行车展（Stanley bicycle show）是个一年一度的行业盛会。在1895年的车展上，有200多家公司展示了3000多个型号的自行车。据《自行车》（*The Cycle*）杂志报道，那一年在英国生产了80万辆自行车。锁匠、枪械工以及其他很多懂冶金技术的工人，都放弃了自己原来的行当而到自行车厂去工作。1896年是自行车制造的峰年，美国有300多家工厂生产了120多万辆自行车，使自行车业成为全国最大的产业之一。其中最大的公司是哥伦比亚公司（Columbia），它在康涅狄格州哈特福德市的工厂有2000多名员工，曾夸口说每分钟就能生产出一辆自行车。

到了这10年的末期，自行车已经成为上百万人的日常交通工具——成了人类的老马。在人类历史上，劳工阶层第一次具有了流动性——他们也有了一定的往来旅行能力，往日拥挤的合租房现在空了，城郊的范围扩展了，很多城市的地理布局因之改变。而在乡村，自行车则帮助很多地区扩大了基因库。从英国19世纪90年代的出生记录可以看出，一些姓氏开始出现在距离它们根植和聚居了几个世纪之久的乡村起源地很远的地方。无论在哪里，自行车的发展都是促进道路建设的催化剂，这实际上为以后汽车的发展铺平了道路。

骑自行车对健康的益处和人们要求自我提高的爱好紧密结合，这同时也铸成了时代的特色——正是天天骑车到工厂和矿山去上班的那群工人后来组建了体育俱乐部、合唱团、图书馆以及各种文化社团。周末，他们以俱乐部的形式骑车同游。各种业余和专业的自行车赛事也遍地开花。赛道和场地自行车赛成为当时吸引观众最多的体育比赛。亚瑟·齐默尔曼（Arthur A. Zimmerman）是世上最早的国际体育明星。他先是业余车手，之后成为专业车手，曾在三个大洲举办的1000多场自行车比赛中夺冠，其中包括1893年在芝加哥举办的第一届世界自行车锦标赛。在欧洲，自行车公路赛变得极受欢迎。举办年头相当长的一些"经典"赛事，比如列日-巴斯通-列日赛（Liège - Bastogne - Liège）和巴黎-鲁贝赛（Paris - Roubaix）的第一届比赛就是分别在1892年和1896年举办的。环法自行车赛（Tour de

France）则是在1903年开幕。

在这"华丽九十年代"[1]中，美国人尤其对速度特别着迷——速度被当作文明的标志。通过交通和通讯，美国人把速度同他们广阔国土的统一性联系了起来。而通过自行车，他们可以实现这一点。1893年底，赛道自行车选手的骑行速度已经超过了每小时60公里。自行车成为路上跑得最快的东西，在它面前，赛马黯然失色。在这10年中，随着光阴脚步的前行，技术上的革新也让自行车逐步变得更轻和更快。1891年，蒙提·霍尔拜因（Monty Holbein）在伦敦的赫恩山赛车场创下了24小时赛道赛577公里的世界纪录。6年之后，吸雪茄的荷兰人马蒂厄·科当（Mathieu Cordang）把这个纪录又加长了400公里。

那时一辆典型的自行车是固定轮的（没有变速挡也没有飞轮），钢制车架，微微下弯的车把，皮制车座，一般没有刹车（刹车是靠反向蹬踏板来实现的）。常用载重自行车一般重15公斤左右，赛车不足10公斤——与现在最好的公路赛车的重量相差无几。1899年6月30日，查尔斯·墨菲（Charles Murphy）成了美国最著名的自行车车手。在长岛铁路，在铁轨中间所铺设的木板道上，他骑出了1英里[2]57.45秒的速度，紧紧跟随在一辆奔驰的机车后面。

---

1. "华丽九十年代"：Gay'90s，这是美国对19世纪90年代那十年的专用名词。在英国这一段时期则称为 Naughty Nineties（顽皮九十年代）。
2. 英里：长度单位。1英里 = 1.609公里。——编者注

自行车满足了世纪末的社会对于独立和机动性的需求。安全型自行车使得一些全新的社会群体也能开始享受两轮的便利——不论男女老少高矮胖瘦（青少年款的自行车在19世纪90年代初就开始投放市场了），历史上第一次，任何人都能骑自行车了。大规模的生产和蓬勃发展的二手市场，意味着大多数人都能买得起一辆自行车。正如美国当代作家斯蒂芬·克兰（Stephen Crane）写道："一切尽在自行车。"

自行车带来的最大影响力，恐怕就是它打破了之前僵化的阶级和性别屏障，它所带来的民主精神是那个社会无力抵抗的。英国作家赫伯特·乔治·韦尔斯曾被一本传记称为"自行车骑手的桂冠作家"，他曾在好几本小说中用自行车来表现发生在英国社会的戏剧性变化。《机会之轮》（*The Wheels of Chance*）一书出版于繁荣鼎盛的1896年，主人公胡普德里维尔（Hoopdriver）是处于中产阶级底层的一位服装商助理，他在骑自行车旅行的途中遇到了一位上层中产阶级的女士，她离开家，"骑着车，到乡村旅行"从而昭示自己的"自由"。韦尔斯借此来讽刺英国的社会阶级体系，也展示了自行车的出现如何冲击着它。在旅途中，胡普德里维尔和这位小姐是平等的。当你在苏塞克斯沿着一条乡间公路骑行时，社会上约定俗成的用以界定不同阶层的服饰、团体、准则、规矩和道德规范等，就全然不复存在了。

小说家约翰·高尔斯华绥写道：

对于自查理二世以来风俗习惯和道德规范上的变化……自行车要比其他任何因素都要负更多责任……整体或部分地受它的影响，到处流行周末假期，还有强壮的神经、强壮的腿、强硬的语言……两性平等、良好的领悟能力以及专业性职位……这一切促成了四个字——妇女解放。

并不能说自行车煽动了女权运动，应该说两者的发展是一种不谋而合的同步。尽管如此，自行车却确实是妇女争取选举权这一长期斗争的一个转折点。自行车生产商们，当然希望妇女也骑自行车。从1819年最早的自行车原型开始，他们就一直在做女式自行车。安全型的自行车改变了一切，骑自行车成为第一个最受女士青睐的运动项目。到了1893年，几乎所有的自行车生产商都在制造女子款式。

1893年9月，苔丝·雷诺兹（Tessie Reynolds）做了一件举国轰动的事：她骑自行车从布莱顿到伦敦然后又骑回来，全程骑的是一辆男式自行车，穿着"理性服装"——上身一件长外套，下身一条宽松的裤子，在膝盖以下截短、束紧。那是妇女们开始接受实用服装的转折点——那时候大多数女士骑自行车时还穿着宽大的长裙、紧身胸衣、衬裙、长袖衬衫和收紧领口的外套。后来，当女权主义者为争取参政选举权而掀起的非暴力抗争运动在1912年达到顶峰时，苔丝的这一壮举被视为一座

伦敦德里小姐

里程碑。

  1894年6月,安妮·伦敦德里(Annie Londonderry)带着一些换洗衣服和一把珍珠手柄的左轮手枪从波士顿骑着自行车出发环游世界。她风趣、聪明、富有魅力,简直是贝基·夏普[1]在她那个年龄段的翻版。她自觉自愿地接过并张起了追求妇女平

---

1. 贝基·夏普(Becky Sharp):名著《名利场》中的女主角,聪明漂亮,经历过下层社会生活也受过高等教育的熏陶,遭受的不公平待遇远远超过了所受的教育,也正因此她的个性变得扭曲,变得工于心计,虚伪,以至于可以为了生存不择手段。作者这里强调骑车环游世界的安妮是贝基"在她那个年龄段的翻版",并不存在太多贬义,因为小说中的贝基在这个年龄已经很聪明、有心计(这一点安妮与她很像),但还没有变成后来那样不堪。

等地位的大旗。她是"新女性"的典范，这是美国人发明的、形容行为表现处处显示出与男性平等的现代化女性的词。历史学家罗伯特·史密斯（Robert A. Smith）将自行车称为"自由机器"，说它给"新女性"授了权。

"在选择自己的服饰这件事上她的态度也并不是一件小事，因为这表明她已经意识到她和男性一样有权决定自己的行为"，苏珊·安东尼[1]是这样说的。作为她那个时代的女权领袖和因为参加1872年的总统选举投票而被捕并因此闻名的女性，她对这一点非常清楚。1896年，在接受《星期日纽约世界报》（*New York Sunday World*）采访时，她说：

> 让我来告诉你我是怎么看自行车的。我认为自行车对于解放女性，作出了比世界上任何其他东西都多的贡献……它给了一名女子自由和自信的感觉……在她骑上自行车的那一刻，她知道，只要不下车，她就不会受到伤害，于是她出发了。那是一个自由、奔放的女性形象。

当布奇和太阳舞小子奔赴南美洲时，自行车已经被大众广泛接受，并深入到了社会生活的纵深处。10年时间，自行车从一项仅属于极少数富有的男性体育爱好者的时髦休闲运动，发

---

1. 苏珊·安东尼（Susan B. Anthony, 1820—1906）：著名的美国民权运动领袖，在19世纪美国女性争取参政选举权的运动中起了关键作用。

展成了这个星球上最普遍的大众交通工具。到现在依然如此。

自行车是人类最伟大的发明之一，能与之比肩的只有印刷机、电动机、电话、青霉素和万维网等区区几项而已。我们的祖辈曾认为这是他们最伟大的成就之一。现在这个观点又重新时兴起来，自行车的文化地位又开始提升。通过城市基础设施设计、交通政策、环境观念、自行车运动的地位和休闲方式等各个层面，自行车已经更加深入地根植于西方社会生活中了。事实上，有种说法认为，现在我们也许正处于另一个自行车黄金时代的曙光中。

自行车原理可以用不到50个字来描述：可控向机器，充气轮胎两轮一线连车架，前叉固定前轮转，脚蹬踏板驱动，连曲柄接齿盘，链圈牵动链轮带动后轮转。它的结构非常简单。如果路况不是太差，骑自行车可以比走路快上四五倍，而所用的力气是相同的——因此它成为人类所发明的最有效率的、以自身为动力的交通工具。所幸的是学骑自行车也非常简单（简单到连跟我们人类沾亲带故的一些灵长类动物都能学到些诀窍）。而且，一旦学会了骑自行车，这门技术就一辈子不会忘记。

我成年以后，很多光阴是在自行车上度过的。然而，我却想不起孩提时第一次学会骑车时是怎样的了。我知道这是我本应该记得的。我本应该清楚地记得我们大家都经历过的那顿悟的一刻——在一个小公园的小斜坡上，忽然不再需要扶持相助的那一刻；当父亲撤回他的手，我独自摇摇晃晃地获得了那终生不会再失去的平衡的一刻；那时我不知不觉地控制车子，虽然极不平稳，却能使车子的支撑点正确置于重量中心之下，正是那一刻我第一次掌握了这深奥的物理原则——平衡。然而，不，我真的想不起来了。事实上，我连我第一辆自行车是什么样的都想不起来了。

我能记得的第一辆自行车是紫色"罗利小斧"（Raleigh Tomahawk），是罗利（Raleigh）牌那款著名的被称为"斧"（Chopper）的童车的缩小版。后来升级成"罗利小子"（Raleigh Hustler），也是紫色的。我后来又把它改装成带白色把套、白色车座、白色水瓶、白色导线板和白色轮胎的全新模样——那已经是20世纪70年代了。又长大些需要再换车时，奶奶给了我一辆比二手车还二手的"五手车"，戴维斯（Dawes）三速车，儿童版的载重车。和我那辆"罗利小子"相比，这辆车像是全身配置了一套豪华盔甲，然而它却能疾驰如飞。1978年夏天，我就这样骑着车从早到晚地在家附近转来转去。在我爸妈看来我是成了"车痴"了。来年春天，我又得到了一辆维京（Viking）牌10速赛车，它是纯黑的。当我去本城的自行车店取车时，它还在橱窗里摆着呢。美国作家杰克·伦敦写道："骑过自行车吗？是它让你的生活值得生活！……噢，手扶着车把，俯下身贴近它，风一般疾驰，滑过街道和公路，越过铁

作者少年时骑带支撑轮的自行车

路和桥梁,游刃般穿行在人群中……随时准备着轰然跌倒。对,没错,就是这奇妙的感觉!"那就是骑在维京赛车上时,我的感觉。

  我生来不安分。而12岁时,我终于有了翅膀。

  当我终于着了地,不再飞翔时,已经是个十几岁的少年。那种对自行车的痴迷——不停地骑啊骑,就为喜欢骑而骑的痴迷,已经成为过去。我不再喜欢双轮飞驰的韵律,转而热爱

"双音"[1]音乐的节奏。当然了，我仍然骑着车去这里那里，后来陆续又用过3辆赛车——那是3辆破旧的不招人喜欢的赛车。我大学最后一年开学时，我的室友带来一辆红色的双人自行车。月光下，我们围着乔治安广场试车。那辆车红得非常纯正，我们给它起了个名字叫"奥帝斯"（Otis）。

1990年，我给自己买了第一辆山地自行车。那是一辆英国车，坚固结实的撒拉逊牌"撒哈拉"（Saracen Sahara），一点也不花哨。我骑着它从中国的喀什到巴基斯坦的白沙瓦，翻过了喀喇昆仑山脉和兴都库什山脉。当我回到伦敦做律师之后，这辆撒拉逊对我来说就更远远不只是交通工具了，它代表着西装革履的职业生涯之外的生活。然后它被偷了。接下来一连好几辆我用于上班的山地车都是一样的命运：一辆科纳（Kona）牌的"熔岩山"（Lava Dome），两辆闪电（Specialized）牌的"跳桩"（Stumpjumper），一辆科纳牌的"爆炸"（Explosif），还有其他几辆。它们都被偷了。有个周末我就丢了两辆车。有时候我会骑车做个短途旅行，比如沿"山脊路"[2]骑行，去达特姆尔然后去湖区。但大部分时间这些自行车只是驮着我在城郊来来往往。

1995年寒冬的一个星期六下午，我走进罗伯茨自行车公

---

1. "双音"（Two Tone）：20世纪70年代末期在英国形成的一个音乐流派，是斯卡（ska）、朋克、摇滚和流行音乐等的融合。
2. 山脊路（Ridgeway）：英格兰南部一条远程小路，是旧商队路线。

作者与"玛纳南"

司（Roberts Cycles），这是伦敦南部一家很有些名气的车架定制商。我定制了一个旅行自行车车架，它叫"玛纳南"（Mannanan），名字源于凯尔特神话中的海神玛纳南·麦克·列（Mannanan mac Lir），它是马恩岛的保护神，而我是在那里长大的。我曾经骑车穿过美国、澳大利亚、东南亚、印度次大陆、中亚、中东和欧洲——实际上是环游了世界。美国自行车技师伦纳德·津恩（Lennard Zinn）曾写道："要与宇宙融为一体。如果你做不到，那至少与你的自行车融为一体吧。"在骑车旅行了3年，走过4万公里后，我和我的自行车融为一体了。

现在，"玛纳南"挂在我库房的墙上。我还有其他5辆自行车：一辆用了10年的闪电牌的"跳岩"（Specialized Rockhopper），这辆车我一直在不停地维护重装，保证它日常随时能用；那辆旧的冬用公路自行车，是用各种不同牌子的零件组装起来的大杂烩，其中包括一个纳维克斯（Nervex）铝制车架和安布罗西奥（Ambrosio）牌碳叉；那辆新的公路自行车是威廉（Wilier）牌的，光洁的车架是意大利设计的碳架，中国台湾制造；旧山地车是辆施文（Schwinn）；而那辆最新购置的山地车，是一辆超轻的铝制菲亚特（Felt）越野车，硬尾无后避震，最适合骑行在我现在居住的布雷肯比肯斯山地区。

有这辛勤工作的一小队自行车，我的基本需求有保障了，可我总觉得还少了一样什么重要的东西。像千千万万天天骑自行车并把它当实用工具的人一样，我意识到我的自行车库中有个明显的空洞，一个空缺的位置在等着另外一辆车来把它填满，一辆特殊的车。我与自行车结下的情缘必将延绵一生，我现在正站在这车情人生的中点，但我的任何一辆自行车竟然都丝毫不能显示出我的生命与自行车的特殊交情。

我骑自行车已经有37年了。现在，我骑车去工作，有时去做事，有时是锻炼，或是为享受空气和阳光，或是去购物，或是在周围世界快把我压垮时骑车逃开，或是和朋友一起骑车以便在身体和精神上同时为友谊添彩加色，或是为了旅行，或是为了保持头脑清醒，或是为了和孩子们一起逃避洗澡时间，或是仅仅为了好玩，或是为了享受一段优雅的时光，偶尔也为了向某人炫耀一下，还有时是为了吓吓自己，然后听我儿子笑。有的时候我只是为骑车而骑车。切合实际和身体需要的，或是切合精神需要的，可以有无数的各种各样的理由，但最后都归结到一点——自行车。

我需要一辆新自行车。我可以即刻找个网店，拿信用卡花上3000英镑[1]，买上一辆批量生产出来的碳纤维或钛制赛车。那样的话，明天黄昏时，我就可以骑着一辆崭新的坐骑，将无数的小山抛在身后了。这想法很诱人，非常诱人。但这不对劲。我们买的很多东西，它们在设计上就是为了很快被新的东西替换掉，像很多人一样，我很厌倦这种购物上的往复循环。我想从这辆车开始打破这种循环。这辆自行车，我要骑上30年或者更长时间，而且我也要享受获得它的过程本身。我要一辆我能买得起的最好的自行车，我要和它白头偕老。况且，这样的一笔钱，我也只会花一次。我要的不只是一辆好自行车。实际上，我要的是一辆你从网上买不到的自行车，一辆从任何地方都买不到的自行车。任何经常骑车的人，哪怕对自己的坐骑只有一点点的尊敬和爱，就会明白我的追求——我要一辆我自己的自行车。

---

1. 英镑：英国的本位货币。1英镑 ≈8.7元人民币。——编者注

骑行途中，查看本日行程（弗兰克·帕特森/绘）

    我需要的这辆随身的坐骑，应该能反映我骑车的历史，能肩负我骑车的热望；在它身上，我要的是技能，而不是技术；它必须是人工打造的；它是一辆有性格的车，一辆永远不会成为过时型号的自行车；它应该能反映出我对自行车传统、知识和美感上的珍视。法语里自行车的昵称是"小王后"——我要一辆我自己的"小王后"。

我知道从哪里开始。自行车的车架需要测量定制并由做车架的工匠手工打造。很多人不知道的是，自行车的车架是可以适体定制的，专门根据你的体型设计，专门根据你的骑行方式进行适当调整，而且这种适体定制的车架其实花费远远低于很多商店里卖的批量生产的进口车架。60年前，在意大利北部、法国、比利时和荷兰的所有大城市，都至少会有一家自行车车架工坊。在英国，这种工坊的集中率是最高的，各大城市里都能找到十几家。屈指可数的那几家巨型自行车生产商，比如英国的手牌（Rudge-Whitwort）、罗利和三枪（BSA），意大利的比安奇（Bianchi）和法国的标致（Peugeot），它们致力适合大众需要的批量生产，而小型的车架工坊为会所会员、赛车手、自行车旅行者和自行车行家等专业特制他们需要的自行车。这些工坊的工匠一年只打造几十个车架，但他们的产品非常注重细节和个性化的纹饰。蒂姆·希尔顿（Tim Hilton）在他有关战后自行车风貌的忠实回忆录《再坚持一公里就可以洗澡啦》（One More Kilometre and We're in the Showers）一书中，把这些手工打造的车架称作"工业化的民俗艺术"。那些简单工具包括锉刀、钢锯、喷灯和一种做铜焊时固定架管的工具，帮助车架工匠们建立了一种创新和艺术的文化传统，而这种文化可以一直追溯到自行车制造业的初始期。埃文·罗利（Even Raleigh）就是从一个小工坊做起的，1888年时他每星期才制造3辆自行车。

到1951年，罗利公司[1]每星期生产2万辆自行车。20世纪50年代的头几年，是欧洲自行车工业令人头晕目眩的高峰期。日常骑自行车的人仅仅在英国就有1200万。大型生产企业蓬勃发展的同时，各个小镇的车架工坊也遍地开花。但现在也只有收藏家还记得他们的名字了，比如英国的梅杰·尼科尔斯（Major Nichols）和罗恩·库珀（Ron Cooper）、法国的亚历克斯·辛格（Alex Singer）和勒内·赫尔塞（René Herse），以及意大利的法列罗·马西（Faliero Masi）和弗兰西斯科·加尔莫齐（Francesco Galmozzi）——这不过是上百人中列举出的几个人而已。

一直到20世纪50年代后期，自行车在整个欧洲仍然是工薪阶层的主要实用交通工具。在英国，骑自行车还是主要的休闲活动。到了周末，年轻人就纷纷离开城市。早就被广告商和作家们描画得天花乱坠的英国乡村，这时就挤满了骑着自行车兴冲冲来享受田园乐趣的人们。

然而这个时期汽车已经出现了。在英国，1955年自行车销售记录是350万辆，到1958年就已经降到了200万辆。1959年迷你（Mini）牌汽车走向市场。小型的自行车车架工坊开始消失。20世纪70年代，当石油危机导致美国市场对自行车的爆发性需求时，自行车业曾有过一个短暂的复兴时期。有那么几年

---

1. 罗利公司（Raleigh）：即上文提到的凤头牌自行车，因其车标像凤头，业界称为凤头牌。

时间，英国和意大利的轻型赛车车架在美国供不应求。很多着了迷的年轻人横渡大西洋不远万里到伦敦和米兰去学习自行车车架的制作工艺。理查德·萨克斯（Richard Sachs）、本·塞罗塔（Ben Serotta）和彼得·怀格勒（Peter Weigle）——当今美国在车架制造方面的神圣三人组，都是20世纪70年代在伦敦东南部的德普特福德师从大名鼎鼎的威特科姆自行车公司（Witcomb Cycles）学做车架的。

到了20世纪70年代中期，自行车文化概念的地位在英国降到了一个最低点。它不再被当成一种有效的运输工具，而只是一个玩具，或者更糟——交通中的害虫。这种观点直到现在才被真正修正过来。90年代初，当我在伦敦做律师时，我骑自行车上班。大多数人看我的眼光，最好听的说法也就是——古怪。我那时每天骑车穿过海德公园，其他每天骑车上班的人，大多数我连他们教名都知道，因为人数实在极少。城市街道上有一种明显的自行车对抗机动车的味道。每月一次的"单车临界量"自行车巡游活动[1]，实际上就是无政府主义的活动，其间经常会发生和警察的缠斗。"海洛因时尚"[2]模样的自行车快递

---

1. "单车临界量"（Critical Mass）：指世界各都市举办的自行车集结上街活动，通常是每个月的最后一个星期五举办一次。活动最初的诉求是反应对自行车不友善的道路设计。时至今日，由于非官方领导的活动特性，它的诉求也越来越难以概括性地下定义，单车临界量的目的也相当简单地定义为直接行动——仅设定地点和时间，一群人相约都市骑乘自行车。
2. "海洛因时尚"（heroin-chic）：20世纪90年代年轻人中流行的一种病态美，特征是惨白的皮肤、重重的黑眼圈、深色的口红、皮包骨、性别特征弱化。

员也有着旗舰般的气势：他们在静态的车流中游刃般划过，在一条条细小的间隙中游鱼般溜过，在汽车的油气和心浮气躁的司机的汗气中显出一种凛凛在上的傲然。

我去过的霍尔本附近的那家自行车修理店也是这类"战士型信使"喜欢的一个地方。一个星期五晚上，我下班后来到这家店取我的自行车。我车上的一个曲柄断了，之前送来这修理。店里的技工把我的车推出工房，从3个这样的快递员面前走过，他们正在分享着一罐"坦南特特味"啤酒。那个换下的旧曲柄，也就是一段铝条，被一团胶带绑在车把上。

"这干什么的？"我指着那个旧曲柄问。我望向那个技工，他望向那几个快递员，他们也望向那技工，然后那技工望向我。显然，他们认为我应该知道那是干什么用的，尽管站在那里的我穿了一套灰格子西装。停顿了很长一段时间，中间的那个快递员睁大了眼睛看着我说："你……把……这个……插进……一辆……汽车……那……该死的……风挡……里！"

7年前搬到威尔士的布雷肯比肯斯山区后，自行车的文化概念又再次让我大开眼界。那时候在城里，有越来越多的人意识到骑自行车在交通和健康方面的一些益处。而在乡下，你只在失去驾照的情况下才骑自行车。对于一个威尔士山区的农民而言，除此之外不存在其他原因。当地人看着我每天骑车进出阿伯加文尼城，显得很纳闷。

在搬来5个月后的一个周五晚上，我来到当地一个酒吧，它坐落在一处小山坡一侧的高地上。有个年纪不轻的男人握住我的胳膊肘把我悄悄地领到酒吧一角，我不大认识他，只知道他所在农场的名字。他盯着我，严肃地说："我瞧见你骑那自行车了，你的驾照要被吊销多久啊，年轻人？"我向他解释说我没有失去驾照，我选择每天骑自行车是因为，嗯，我就是喜欢骑车。他向我眨了眨眼睛，用一根粗糙的手指敲了敲他那风干了的鼻子。1年之后，在一个周五的晚上，这农夫又一次在酒吧把我拉到边上的僻静处。这次他盯着我的眼神更加严肃了。"我看见你还在骑自行车，年轻人，"他说，"看，这被禁驾的时间可真够长的。不要紧，你可以告诉我……你开车时出的事一定是糟透了？你轧死了个孩子吗？"

最好的车架工匠，和在远东用机器批量生产碳纤维和铝制自行车车架的大工厂几乎没有什么可比性，和他们更有共同点的应当是那些制造出百达翡丽手表、蒙特莱昂吉它和博雷里衬衫的工匠。而不久前，很多我们拥有的东西是有艺术生命力的，以唯心论来看，那些东西甚至展现了制造者的生命力——为我们锻造工具的铁匠、皮匠、车工、木匠、轮匠，还有为我们做衣服的缝工和裁缝。我们保存着那些精工细作的物件，随着时间推移，它们对我们来说越来越有价值，我们使用它们的同时，也是在丰富着我们的生活。车架是一辆自行车的灵魂。我这辆理想自行车的车架将是钢制的，它是独一无二的。

这辆自行车看起来会像是一辆赛车,然而会经过精细调整以符合我的骑车需求。要是你愿意,也可以把它称为"骑行"车。我不会去参加正式竞赛,但我会经常骑它而且会骑得很快。我会在布雷肯比肯斯山附近骑着它,也会骑着它横贯英国;我会骑着它和朋友们一起参加"百英里"赛事[1]和自行车业余挑战赛[2];我要骑着它走过比利牛斯山脉,翻越加利比耶山,向上攀登旺图山,向下直抵太平洋海岸公路;我郁闷的时候会骑着它上班;到70岁时,毫无疑问我会骑着它去酒吧。

其他的零件:车把、竖管、车叉、头碗组、花鼓、轮圈、辐条、中轴、飞轮、链轮、轮齿、链条、变速器、曲柄、车闸、踏板和车座,这些都要选来与车架适配。它们不必是市面上重量最轻或外观最诱人的,而只需是做工最好的那一款。车轮也要手工制作的。在自行车的制作过程中,我会去拜访意大利、美国、德国和英国的很多工坊或工厂,去找到我想要的、能用在这辆车上的零件。每个零件都应当有其独特之处,而合在一起,它们就组成了我梦寐以求的理想自行车。

自行车每天都给我的生命以救赎。如果你曾体验过骑在自行车上那威风和自由的一刻;如果你曾经从悲哀中挣脱出来让

---

1. "百英里"赛事(centuries):限制长度为100英里(160.9公里)的比赛,通常为业余比赛,作为社交聚会活动的性质强于比赛性质。
2. 自行车业余挑战赛(cyclosportives):欧洲流行的一种非比赛性质的业余自行车运动,俗称单车的马拉松,这种活动为单日多人出发,记时间和名次,没有奖金,主要用于业余选手自我挑战。

心灵融入那两轮飞转的韵律中，或者在前额挂满汗水奋力向山顶踏攀时感受过希望的复苏；如果你曾骑在自行车上顺着一条长长的山坡像鸟儿一样俯冲而下，心里琢磨着世界到底是不是静止的；如果你曾经，哪怕只有一次，怀揣着一颗歌唱的心骑在一辆自行车上，感觉像是一个凡人触到了神灵一般——那么，我们共享着一些最基本的东西：我们知道，一切的一切尽在自行车。

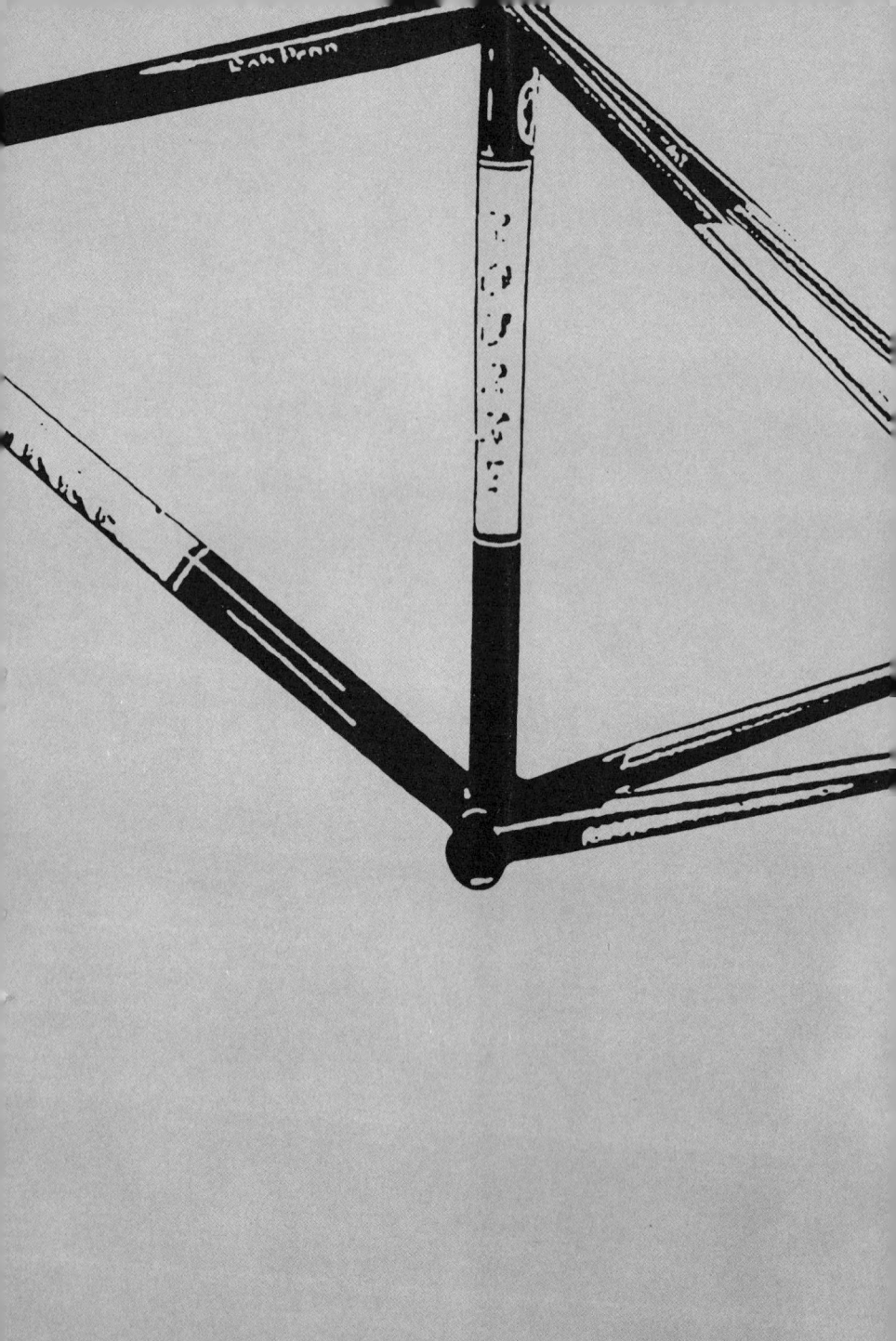

车架

钻石之魂

递上一张支票就足以让一辆自行车归我所有，然而这种拥有是需要我用整整一生来体验的。

——让-保罗·萨特

"嗨，你别像个大布袋子一样坐着啊。"布兰·罗克（Brian Rourke）用他那软绵绵而又嗡声嗡气的英格兰瓷都[1]口音说。他站在后面，一手托着半边脸，另一手支在胯骨上，看着我试骑自行车。他的身体仍然显得轻快敏捷、精力充沛，丝毫没有70岁的龙钟老态，他本身就是一个活到老骑到老的绝好广告。"我去拿几样东西，你先从那车上下来吧。"

布兰·罗克自行车店的所在地是特伦特斯托克这个旧日瓷都的一个经过改建的壁球中心，楼下是个相当大的自行车店。楼上原来的酒吧变成了布兰·罗克的办公室，他在这里完成所有的自行车装配工作。这里也是公路自行车竞赛的一座圣殿。一面墙上挂满了镶在镜框里的自行车杂志封面，画面上一马当先的骑手所用的车架都是罗克牌；这里有默克斯（Merckx）、吉蒙迪（Gimondi）、凯力（Kelly）和其他自行车巨星的照片；有环法自行车赛的标志性图片；有马利奥·奇波利尼（Mario Cipollini）在1998年环法自行车赛时实际用过的那辆车；有一排银色奖杯和其他珍稀纪念品。门的右边挂着一件美利奴羊毛质地的世界冠军运动衫，这是汤米·辛普森（Tommy Simpsons）穿过的，他是英国自行车运动史上一位狂放的另类明星，1967年7月13日，在45度的高温下，他猝死于环法自行车赛的途中，血

---

1. 英格兰瓷都（Potteries）：英格兰特伦特河畔斯托克地区，也称万博陶瓷，旧名叫 Staffordshire Potteries，曾经以生产瓷器而闻名，号称"英国瓷都"。"特伦特河畔斯托克"简称为"特伦特斯托克"。

布兰·罗克

液中混杂着兴奋剂和酒精成分。

　　对面墙上挂着一幅布兰和妮科尔·库克（Nicole Cooke）的合影，她是英国出类拔萃的公路自行车女骑手，也是奥运冠军。"她从12岁就开始光顾我的店啦，"布兰说，"她用罗克牌车架赢过四次青少年世界冠军。了不起的姑娘！"旁边不大显眼的位置上的另一幅照片，是一个年轻得多的布兰，他身体微微倾侧，紧握着车把，盯视着前方，看起来又饿又累，但奋力骑行着。

"啊，是的，我也赛过那么几次。"他说，一边急急忙忙地进屋去了。实际上，他参加过的自行车赛事可真不少。正当盛年时，他曾作为"大英车队"（the Great Britain）的骑手参加过三次环英牛奶自行车大赛[1]，还拿过全国冠军。卡尔顿车队（Carlton）和猎鹰车队（Falcon）都给过他专业的骑手合作合同，但那时候这一行是不赚钱的。"我是1967年退役的。有点可惜，真的，但我也没什么可抱怨的。"自行车赛道上少了一个好骑手，然而自行车车架制造领域却多了一位行家——几乎从退役那天起，布兰就开始了为客户设计和适体打造全个性自行车的业务。这些年来，向他定制自行车的订单就从来没断过。我估计他做过的个性配置怎么着也有5000多例了。

20世纪中叶是英国定制自行车业的黄金时代。我听说，像利物浦的哈利·奎恩（Harry Quinn）和提斯河畔斯托克顿的杰克·泰勒（Jack Taylor）这样的车架名家，只要你一走进他们作坊的大门，他们仅凭目测就能测定你的尺寸。他们制作车架的经验是如此丰富，所以只需望上你一眼，就知道你需要的自行车车架是什么规格的。

从那时开始使用并且直到现在仍然普遍应用的一种更可靠的测量和定制方法，是通过测量身体尺寸然后将数据换算成车

---

1. 牛奶自行车大赛（Milk Races）：1958到1993年举办的很有影响的环英自行车赛，这项赛事当年在英国的影响力相当于现在的环法自行车赛在法国的影响力，因为是牛奶公司赞助的，所以以牛奶命名。

架的规格。腿内侧长度（裆部到地面）、躯干尺寸、胳膊长度、大腿长、前臂长、肩宽、鞋号、身高和体重等各种数据都是分析的依据。用这种方法，从事车架设计和适体定制的人员的经验，是至关重要的。

现在，不论是专业运动员还是有足够经济实力的业余骑手，都有各种不同的高科技定制方式供他们选择，这为自行车运动的生物力学领域注入了一股科学动力。其中会用到动作捕捉系统，通过处理收集到的骑手身体各个节点的运动数据，来呈现其在各种运动状态下的骑行姿态和蹬踏动作。做这种数据采集时，需要定制车架的骑手往往是坐在一个可调节的名叫"适尺车"的模拟机上，就是一个结构简单的车架装在一台能在人蹬踏时产生牵引力的机器上。

当然了，对大多数人来说，买辆自行车所需要的"适体定制步骤"，在15分钟内就能完成：在你光顾的自行车店，店员让你在三辆不同的自行车上一辆接一辆试着坐坐，然后他拿走你的信用卡，让你出去绕着街区骑上一圈后回来付款。一切就搞定了。

布兰的适体定制方法是很不同的，这也正是一开始吸引我成为他客户的原因。在英国做自行车车架手工制作的已经屈指可数，其中包括十来个以此为业的生意人，外加十来个因为兴趣爱好而以此为副业的。在3月一个湿漉漉的周末，我启程去拜访这些人，我一个接一个地找他们，希望尽可能多地见到我想要见的人。我在国内穿梭着，从布里斯托尔到布拉德福德，中间经过德比、利兹、谢菲尔德和曼彻斯特。在郊区的一栋半独立式住宅的车库里，我看过李·库珀（Lee Cooper）为伦敦的固定轮自行车市场所打造的精致钢架。尼尔·奥瑞尔（Neil Orrell）向我展示他特别设计的场地自行车车架，还有一辆特殊自行车的照片，那是他为一个身高7英尺[1]的人特别装配的。在奔宁自行车店（Pennine Cycles），保罗·科克兰（Paul Corcoran）给我讲这个店的创始人约翰尼·马波尔贝克（Johnny Mapplebeck）如何在随盟军第八军团在意大利作战时爱上了意大利赛车。复员后，他就开始制作自行车车架，并给它们起了诸如"冠军的选择（Scelta dei Campioni）"和"竞赛之王（Re Della Corsa）"这样的名字，在二战后的约克郡，这些名字听起来一定很异类。在利兹的鲍勃·杰克逊自行车店（Bob Jackson Cycles），他们正把自行车车架装箱，准备运往美国。我也见到了那热情洋溢的店主唐纳德·托马斯（Donald Thomas）。他就是因为实在太喜欢自己的鲍勃·杰克逊自行车，所以买下了这家公司。

在莫西亚自行车店（Mercian Cycles），有3个车架工匠在那里全职工作，他们工作的车间应该和半个世纪前一样，毫无变化。格兰特·莫斯利（Grant Mosley）告诉我他们的客户是如何

---

1. 英尺：长度单位。1英尺=0.3048米。——编者注

变化的:"我刚开始在这里工作时来的都是会所的小伙子。到20世纪70年代这一行衰落以后,来的就剩那些硬头家伙了——你知道的,穿袜子、拖鞋、留胡子的那一类。现在嘛,都是挺专业的年轻人。"

这是一次愉快的旅行,其间喝了无数杯的友谊之茶。所到之处,我都感受到了工匠的自豪感,以及对于曾在长达一个世纪之久的时间里为全世界设定了规范的英国工艺传统的传承。虽然他们每一家的自行车我都很乐于拥有,但既然我要寻找的只是一辆自行车而已,我便选择了布兰·罗克自行车店。

其实我的选择很容易理解。布兰曾是个赛车手,不仅年轻时是,成为"老将"之后也是。事实上,他曾在40岁和50岁时先后两次赢得过"全国老将冠军"(National Vets Championship)。自行车赛车已经融在他的血液里了。我要的就是一辆赛车。杰森(Jason)——布兰的儿子,也是将要给我焊接制作车架的人,他显然是个有本事也有热情的人。在他们店里工作的那几个小伙子我也喜欢。我并不只是想要得到一个最精工细作的车架而已——从他们为我适体设计,到看着我的车架打造成型再喷漆上彩,再到整个车在罗克车店装配完成,这整个过程都会非常有趣。最重要的是,在因人而异地适体配置自行车和设计车架方面,布兰的经验是无可比拟的。

布兰喜欢让他的顾客带着他们现有的自行车来商店,这样他可以对这辆车加以调整或"安排",使一切"砰砰然"各就其位。通常，他让顾客们出去试骑新调整的车，以确保一切都舒适。当所有人都满意之后，他量取车的各项尺寸，以此作为参照，然后再来设计新的车架。这方法很简单但很实用。这很大程度上取决于他的经验。"有些顾客总想在电话里给我他们现在车的尺寸让我来做辆新车。我才不会这么做呢。谁能保证他们这么多年就没有骑着一辆不对劲的车呢？在开始设计之前，我喜欢把每个人都认真看一看。"他说。

我在他店里的两个小时，布兰把我威廉牌的赛车车座一小点一小点地升高了一些，调了有三四次，然后又把它顺着滑轨向后推了1厘米；把车把下的竖管换成一根长了20毫米的；最后又给我换了一个新的车把——一个经典造型带较小D型把手的。"这样你的手就能更容易地够到刹车闸了。"他说。到这一步，我骑在车上的位置已经有很大的变化。我能感觉到这些变化——我的背能坐得更直些，我的重量也能分布得更均衡些。这个新的位置感觉更符合空气动力学原理，更能有效地发力前驱。最让人意外的是，这位置更舒服。自行车看起来也更漂亮了，较长些的竖管和新的车把神奇地让整个车看起来更匀称。我想，这大概跟给一幅画配了个合适的画框是一个道理吧。

调整的过程所基于的方法其实很简单，正如布兰所说："屁股、双手、双脚，关键就在这三个和自行车接触的点而已。"他首先把我的车座调到刚刚好的高度；然后把车座往后调，以便我坐的位置能够获得蹬踏脚踏板的最大杠杆力矩；最后就开始针对我的手下功夫了。

布兰又站到后面去了,把那长长的铁尺子放在地板上,刷刷地记下些什么。然后他说:"以前你有点卡在车上了,像个大砖头似的垒在那儿。现在看着不错了。把这车带走吧,一个月以后再回来,咱们一起出去骑一趟。我想知道你感觉怎么样。如果你想要一辆手工打造的自行车,你就想要它是属于你的,对不对?它必须是恰恰合适的,恰好适合你,而不是别的什么人。"

这话说出了为什么一个人想要一辆适体定制的自行车的关键所在:它是恰好合适的,正像从萨维尔街[1]定制的西装一样。定制自行车还有其他几个主要的好处:利于专业指导,你可以选择最理想的车架管径、壁厚和对接尺寸,由此可以将对自行车的感受微调到最佳状态;重要的是,你得到的车架是专门为你骑行的方式、地点甚至风格而设计的;你可以选择能负担得起的最好配件,还可以选择车架要喷涂的颜色;而且,你获得车架的过程也会很有意思;最后,当你的车全部装配完成,你骑着它在路上奔驰时,它会博得很高的回头率。但真的,这一切全在于要得到一辆完美无瑕地适合你的自行车,一辆能让你骑上很多年全无痛苦的自行车。大多数大型的自行车生产厂家对每一款车会制造五到八种不同的尺寸。但是人却不止分五

---

1. 萨维尔街(Savile Row):伦敦西区一条有两百多年历史的小街,从19世纪初便逐渐聚集并培养了不少世界顶尖的裁缝师,现在那里也成为高级定制男装的圣地。

种,甚至也不止分八种。

为了阐明他的观点,布兰把他自己的赛车推进了房间。那个车架是杰森做的。当然了,那是一辆漂亮的车,但当布兰跳上车,两脚抵住踏板,肩膀顶住墙时,我感觉到一些奇妙的事情发生了——那辆车发生了变化。车和布兰如此完美地契合在一起,那辆车似乎有了生命。当他在车把周围极快地移动双手,前后移动重心时,车回应着他的每一个动作。

更令人惊奇的是布兰也发生了变化。跳上这辆车让他一下子年轻了30岁。当他把手插进车把的D型弧,把身体压低贴近上管时,他眼中熠熠生辉。他已经蓄势待发,可以从主车团中冲出追近前面已经拉开距离的领先者,或者即刻发起向终点线的冲刺。光是坐在这辆车上,布兰就已经进入了一种完美状态,适体定制的自行车拥有如此强大的魔力唤回最动人的回忆,举手投足间,30年的辛劳痕迹可以在瞬间消逝于无形。这辆自行车成了青春的源泉,而亲眼见证这一点让人很是惊心动魄。

但这并不是布兰想阐明的观点。我真正领会布兰的意思是在他从车上下来,把车身转了个方向推给我之后。那辆车惊人的轻,车身很匀称,握在指间让我感觉非常舒服。但当我像布兰之前做的那样跳上车,并没感觉到任何蜕变。它在我身下看不出有什么特别,我骑在车上也没感觉到有任何特别。尽管布兰和我高度相同,体重也差不多,但我们的体型在其他很多方面还是很不同的。我们的胳膊、躯干、肩膀、小腿及大腿的尺寸应该是不相同的。那是布兰的自行车，它让我比以往都更想拥有一辆自己的自行车。

没有装饰过的原始车架自有它简朴的魅力。看着挂在布兰店里墙上那一排未经装饰的手工车架，有些什么东西扣动了我的心弦：尽管它们是用不同的管材制作出来的，带有自己的特色，有着不同的尺寸和角度，将被装置于不同种类的自行车，将会被不同的骑手在不同的路况中用不同的方式骑行，但它们在一个根本的方式上都很相像——所有的车架都有着相同的形态：钻石型[1]。

第一个钻石型的自行车车架——罗孚安全型（Rover Safety），是1885年在不招人喜欢的城市考文垂制造出来的。它被称作"安全型"，是因为两个轮子一样尺寸而且都很小，骑手的重心就在自行车中心的正上方，而且可以双脚着地。简而言之，这车骑起来很安全。那是第一辆现代自行车，我们现在骑的自行车多多少少还有它的影子。

它的"发明者"约翰·肯普·斯塔利（John Kemp Starley）后来在对英国皇家艺术学会（Royal Society of Arts）的一次讲话中说：

---

1. 钻石型：作者在本书里称的钻石型车架（diamond-shaped），在国内又称为菱形车架。

罗孚安全型自行车

指引我制造出这种车的主要原则就是，要把骑手放置在与地面合适的距离……要把车座放置在相对于踏板的合适位置……要把车把放置在相对于车座的合适位置，这样骑手可以付出最少的劳动量而施加最大的力于踏板上。

整个上午，布兰跟我说的差不多也正是这个意思。如何把骑手的双手、双脚和臀部放置在自行车的适当位置上以取得最大程度的效率、控制和舒适性，是关乎基本人体工程学的问题，这些原则历经一个多世纪的时间基本没有任何变化。

这些原则指导斯塔利设计出了最轻、最结实、最便宜、最坚固、最凝炼，同时也是就人体工程学角度而言最有效能的自行车车架形状。到1890年，在考文垂、伯明翰和诺丁汉，"每个值得一提的"自行车制造商都在生产这种自行车。这种车扫荡了它之前的所有其他类别的自行车：早期脚踏车、高轮车、侏儒车、便利车（the Facile）、袋鼠车（the Kangaroo）、三轮车、双人三轮车以及四轮车等在几年之内都被淘汰了。自行车的终极形态面世了。

约翰·肯普·斯塔利

在罗孚牌自行车问世之前，也有其他的安全风格自行车被设计出来而且取得了专利，但把自行车做得易学易用这点使得斯塔利与众不同,他的设计是最好的。他也是个很好的生意人,一开始就意识到了这种车的商业潜力。1889年,他建立了有限责任公司。1896年,他又把斯塔利有限公司(J. K. Starley & Co)整合成罗孚自行车公司(Rover Cycle Company)。

他用筹得的资金建成了考文垂最大的自行车工厂,也是当时全世界的自行车制造中心,他也得以在19世纪90年代末自行车工业的第一次大萧条中幸免于难。

1904年,罗孚公司转向汽车生产,这一行利润如此之高,因此公司很快就放弃了自行车方面的全部业务。斯塔利本人在1901年突然去世,享年46岁。他葬礼当日,考文垂所有的自行车公司都歇业一天,有两万人参加了他的葬礼。

也许那些参加葬礼的人已经预见到罗孚安全型自行车将成为运输史上的奇迹,自行车的这个基本形状能够在整个20世纪保持不变。与之形成鲜明对比的是莱特飞行器(Wright Flyer),这是由威尔伯(Wilbur)和奥维尔·莱特(Orville Wright)兄弟(两人碰巧都是自行车技工)在1903年制造的世界上第一台动力飞行器,把它和——比如说——协和(Concorde)飞机比比看吧。再比如,拿卡尔·本茨(Karl Benz)在1885年发明的由汽油引擎驱动的四冲程车,来比一下现代的一级方程式赛车吧。

飞机和汽车这两种运输机器都是在一直不停地发展变化的。然而罗孚安全型自行车已经完美地具备了现代自行车的形态。当前,飞机、汽车和数不清的其他机器设备都存在着众多的设计差别和发展空间,而自行车只有一种绝对的造型。艾萨克·牛顿爵士曾说过,我们是站在巨人的肩膀上取得成就的,但从没有人能够攀得上斯塔利的背。

我曾经有过19辆自行车,这个数字还不包括那些我拥有不到一个月的或者那些我都懒得费心上锁的。这19辆车中,有18辆是依照斯塔利的原则设计的。唯一的例外是我那辆"罗利小斧",它那高高的被称作"猴子挂"的车把、大小尺寸不同的车轮、奇异形状的车架和带靠背的海绵软座,可能看起来和独行侠一样酷,但这辆车骑起来的感觉就和在黏稠的糖浆里骑行还拖着一只死猪一样累。和它的兄弟款"斧"一样,这种"小斧"是20世纪60年代末美国流行泥土地载重自行车时,为响应潮流设计的。对于其制造商罗利公司而言,"斧"款车打开了儿童自行车的新市场,其公司理念也从此发生了改变——自行车不再被看作一种有效的运输工具,而变成了一种消费型产品。尽管"斧"款车给许多人留下了亲切的回忆,但它只是一个玩具,不是真正的自行车。20世纪70年代很多人对自行车的真正价值失去了信心,这种车应该是个最坏的典型。

自行车车架在结构上的主要功能是在负重时保持稳定,具有维持双轮定位和承载骑手的力量及稳固性,同时要在车前进时帮助消解骑手蹬踏、制动和转向时的作用力。三角形管状结

"斧"款车

构组成的钻石型车架仍然是保证实现这些功能的最佳结构。建筑师或工程师会将它称作"桁架结构"：钻石型车架就是最强壮的"七元"桁架的变体，是结构和机械工程学中一个常见元素。建筑物屋顶结构中的桁架就是基于这一原理。

自从钻石型车架"为世界设定了风尚"，在之后的一又四分之一个世纪的时间，人们曾经有数百乃至数千次试图改良这个设计的尝试，但还没有哪次接近成功过。制作车架的材料经过了无数次的改进，自行车的管材结构也变得极为复杂，比如有非圆形的管材、非均匀的壁厚和锥形的管径。但由两个三角形组成的基本钻石型形状却始终不变。赛车、山地车、旅行车、全地形车、场地车、多功能实用车、休闲沙滩车、固定轮车、土坡特技车、电动自行车、小轮越野车——几乎所有类型的自行车都装有钻石型车架。现在，全世界的自行车数量超过10000亿，几乎每一辆车都是以斯塔利的设计为范例制造的。你可以花上10英镑在一个义卖会上买辆生了锈的载重自行车，或是花上7.5万英镑买一辆镀24K金再镶以施华洛世奇水晶的自行车，不论怎样，你得到的仍然是一个钻石型车架。

在过去的一个世纪中，自行车不变的外形也部分地解释了为什么现在我们觉得骑车是一件很质朴的事情，为什么我们会觉得骑自行车带给我们的乐趣有一种经典的中庸的味道。正如那位令人崇敬的自行车技师、已故的谢尔登·布朗（Sheldon Brown）先生所写的，钻石型车架"是所知的最近于完美的设计之一，这归因于……它造型的纯粹"。

在我到布兰店里进行第一次适体定制后一个月，我给他打电话预约我们一起出去骑车的事。他接了电话立刻问："你的车怎么样？"我每天都骑这辆车，感觉很舒服。他记得住为我做的所有调整，尽管在这期间的几个星期里他一定又调整了上百辆自行车。我按他要求，评说了关于每一项调整的体验后，他才想起来问候一下我怎么样。

我们在离特伦特斯托克东北方向几英里的一个地方碰了

头，在一片荒原上沿着一道山脊骑行，展现在面前的是峰区恢宏的风景。布兰对周围的地形地貌非常了解——这里是他原来为参加比赛训练的地方。他指着远处的几座小山告诉我，他是如何骑着单速自行车顺那些山道向上的；他也记得在很久之前那些阴冷的冬日里，在刹车不够灵便的情况下，他是如何沿着陡峭的山谷向下骑的。以其独特的叙述方式，这些故事合在一起构成了这个地区的另一幅地图。我记起欧内斯特·海明威曾说过一句话："骑着自行车才是了解一个地区地形的最好方式，因为你需要挥汗如雨地骑上山然后飞一般地滑下……如果是开着车穿行而过，你对一个地域是不会有这么精准的记忆的。"

骑车时，布兰总是在我身后或身边，研究我蹬踏的节奏，分析我在不同情况下在车上的位置。这些情况包括：加速、上坡、"注意那些牛"、下坡和冲刺。我们没有骑很远。天阴沉沉的，小山顶刮过的风像刀片般锋利。

"我已经仔细地看过你啦，"布兰说，"咱们回店里去吧？"

于是又做了一两处调整——车座又增高了一点，车把上的刹车把套位置也调了一下。然后布兰又拿出他的长铁尺，开始在他的笔记本上记下我车架的尺寸。他跪坐在那里，手里的尺子贴着头管和座杆，问我："罗伯（罗伯特简称），你希望这个车架是什么材质的？"

关于这辆自行车，开始本来没有几个因素是确定的，但我能确定的有限的几点之一就是车架的材质——钢。这种材料作为自行车的骨干已经超过一个世纪了。一直到20世纪70年代中期，它还是唯一现实的选择。即使到了20世纪90年代早期，大部分高质量的自行车仍然是用钢质车架的。现在市场上的自行车材质就有很多了，其中常见的有铝、钛和碳纤维增强复合材料，然而你也可能愿意自己的坐骑是用模压塑料、镁、铍（在矿物质中发现的一种有毒化学元素，用于火箭喷管中）、麻、木头或是竹子制成的。事实上，竹子已经成为非洲的社会企业型自行车车架制造项目可选的一种新材料，尽管早在一个世纪前人们就已经开始用它来制造自行车了。

各种主流材质的车架我都试过。我有过几辆带碳叉的铝架公路自行车，几辆钢架山地车，几辆铝架山地车，一辆钢架旅行车，一辆钛架公路车，一辆全碳的公路车和一辆带碳后上叉的铝架山地车。那么哪种材质或材质组合能达到最好的总体骑行效果呢？我对我拥有过的所有自行车当然都有一个评价，但我也知道这种评价是受我个人的使用经历所影响的。比如那辆车我拥有多长时间，我在哪里骑它以及我和谁一起骑它，等等。平心而论，我很难轻易下结论哪种材质能达到最好的总体骑行效果。我也看了一些资料，知道不同材质的自行车车架确实有不同的性能。事实上，有些人还极力颂扬着某些材质的"骑行特性"，我对此可不敢肯定。这些东西是很微妙的，只有通过极精细的工程仪器才有可能测量出来。

很多关于自行车车架材质的讹语却被当成至理名言般传扬。事实是，一个好的自行车工匠可以用上述任何一种材质做出一个好的车架，从而提供任何理想的骑行品质——只要管径、管壁厚度和车架的几何造型是对的，制作出的自行车就错不了。

当人们谈起一种特定车架材质的刚度时，不实之词就更多了。一种材质的刚度是通过一种称作"杨氏模量"（Young's modulus）或"弹性模量"的物理量来测定的。一个硬性的车架会将你在路上轧过的每块石头和每个小坑的冲击力都直接传导到你的臀大肌神经，也就是说你的臀部会感受到冲击力，而一个柔韧的车架则能缓解这些冲击力。大多数铝质和钢质两种自行车车架都用过的人会认为铝质车架更硬些。事实上，钢比铝有更高的杨氏模量——钢更硬些。但是铝制的管子在直径上要比钢管大得多，当管径增加时，它的刚度是以其基数的三次方增加的。

在现实中，轮胎、车轮、座杆和车座都能适当地缓解冲击力。车架本身在冲击力的缓解方面作用很小或根本没作用。还有很重要的一点是，要知道两种不同材质制成的车架，其管径尺寸是不会相同的，这种情况下是不可能进行比较的。车架的特征中确实和舒适性相关的是其后三角的设计——由座杆、后下叉和后上叉组成的三角形。

关于现代自行车车架最骗人的一点是它的重量。我最新的那辆公路自行车用的是碳架——如果你一定要知道的话，具体是东丽（Toray）T-700 SC碳纤维。它的重量低于1.5公斤。它真的是"哇噻"好轻！不熟悉现代公路赛车的人如果掂起它，会真的大叫出"哇噻"来的。毫无疑问，一辆自行车越轻，骑着它上坡就越轻松。这个行业越来越痴迷于把自行车做得越来越轻，但对于绝大多数骑车的人而言，所关注的不应当是重量而是一个车架在使用中不会坏掉。

碳纤维是当前最受顶尖专业骑手欢迎的车架材质，主要是因为它很轻。如果你是一位专业自行车运动员，如果你的绝对侧重点是要一辆尽可能轻的自行车，因为你需要在骑车登比利牛斯山的一处20公里的山坡时提前几秒钟，从而获得一些竞争优势；因为这是你的谋生方式，是你为孩子们挣饭吃的方式，那么你确实必须要有一个碳纤维的车架。但对我们其他人来说，非要碳纤维的车架，如果不是太任性，就是甘愿成了阴谋的牺牲品，或者二者都有。

是的，甚至自行车工业自身都有一个关于阴谋的理论。它是这样说的：进行自行车批量生产的厂商，花了很大一笔钱进行自行车的研发，以保证他们赞助的顶级专业运动员能骑着最轻、最快的自行车去赢得比赛。他们需要在降低成本的同时补偿这笔开支，所以他们竭尽全力地向大众推销专业选手所骑的同样或类似的自行车。

我梦寐以求的自行车将是钢质的，理由如下：

1. 钢非常坚固。高质量的钢材具有极高的抗屈强度或弹性区域（指材料将永久性弯折而不会回复其原来形状的极限值），这使得它很牢靠且不大容易在撞击中弯折。这也意味着钢质的管子可以很细。直径很小，这就使得钢质车架很轻且具有充分的柔韧性。正如人们常说的——"钢是真材实料"。

2. 钢的寿命很长。阿尔戈斯自行车公司（Argos Cycles）是一家历史悠久的车架工坊，坐落在布里斯托尔的一个工业区。当我在那里做客时，他们给我看了几十个历史可以追溯到二战时期的钢质车架。那里还有由诸如海晨斯（Hetchins）和亚瑟·吉洛特（A. S. Gillott）等大师级人物制作的车架，静静地挂在墙上，等待着重返工作岗位的一天。他们将被重新调整、喷丸处理、打磨、清洁并重新喷漆。沿着墙再靠里的地方，放置着几个已经完全修复的闪闪发光的车架，等待着顾客取走。它们看起来像是全新的。"多年骑行的痕迹已经不复存在了，"工坊的经理马克（Mark）告诉我说，"我们几乎是接连不断地接到修复旧钢架的活。有很多都有50多年的历史了。一个碳纤维车架是怎么也坚持不了这么多年的。"

3. 钢架几乎不会突然间出问题。而碳纤维车架尽管经过近年来不断改进，还是会有问题。

4. 钢架也很容易修理，而铝、碳纤维和钛的车架则不然。事实上，对于一个碳架来说，后下叉上的一个小裂纹通常意味着整个车架注定要被送进垃圾箱了。重要的是，只要有个喷灯外加一个焊条，钢制的东西在世界各地都可以修。我知道这一点，是因为我周游世界时曾在印度北部撞弯了一辆钢架的自行车。在阿姆利则附近的大干线公路上，我在一辆拖拉机的尾流里骑着车。那是下坡路，速度很快。突然迎面遇到一个浴盆那么大的坑，而我根本没时间反应。于是我摔了一大跤，我的车、驮包、太阳镜、水瓶、帐篷、打气筒和我自己都零乱地散落在马路上，美国骑山地车的喜欢把这种摔法叫作"摆摊贱卖"。我擦破了一大片皮，而自行车首当其冲，摔得最惨：上管和下管都撞弯了，前轮弯向后面，顶在下管的底端。那时候我真以为我环游世界的旅途就此告终了。

我用了一下午的时间，在阿姆利则找到了当地最好的技工，当地人称他为"顶级工长"。他很熟练地卸下了车把、竖管、车叉，又把压进去的头碗组从头管中拿出来，旁边有小工给他递工具，像极了手术室里护士给外科医生递工具。然后他在头管中塞了根长铁钉进去，狠狠地把弯了的车管硬生生地给敲直了。那场面看得我心惊肉跳。30分钟后，他把车重新装好了。那次修理花了我100卢比[1]

---

1. 卢比：印度、巴基斯坦、孟加拉国、尼泊尔、斯里兰卡等国的本位货币。1卢比 ≈0.1030元人民币。——编者注

（大约1.5英镑）和一包烟。我还要骑1.2万公里才能到家。那两个弯了的车管到吉尔吉特、塔什干、马什哈德和伊朗之后都必须重新焊一下，但我确实骑着同一辆车回到了家。那个车架现在就挂在我车库的墙上，仍然带着那次的创伤。

回来以后有好几年，我都不愿意把那个车架拿回到它的制造者那里——罗伯茨自行车店。伊朗的焊工留下的焊痕实在是太难看了。但我终归是要把它拿回去的。我向查斯·罗伯茨（Chas Roberts）解释了发生的事。他听了很高兴，推着我走进了店里做零售的区域，在那里正有两个人要把两辆崭新的远征旅行自行车推走，他们一个要横穿美洲，另一个要环游澳洲。

"嗨，"查斯说，"来听听罗伯的故事。这就是你们为什么买了钢架的原因啊。"

我暂时没打算骑着我梦想中的新车去做洲际旅行，而且不管怎样，它也不会是辆旅行自行车。但有一天，我会骑着它来一趟"信用卡旅行"，就是除了钱包外不带其他行李的那种旅行。我要骑着它消失在地图尽头。旅程所至，我可能会到大山脚下旧日贩奴路线上的一个小镇，在孩子们跑跑跳跳的喧闹声中，看一个秃头独目的焊工矫正我的车架。我未来自行车的那个车架一定要是钢质的。

我们对钢比对任何其他用来做自行车的材料了解更多。这种铁和其他少量化学元素的合金是后工业文明的基本建筑材料。现在，全世界95%的自行车仍然是钢制的。这些车大部分是在中国或印度用"软钢"制造的，这是一种最便宜也最沉的合金。如果你曾经在亚洲跳上过一辆自行车，然后纳闷是谁绑了头小象在你车后，那么你的车肯定用了软钢的车架。它们非常重。

在西方国家销售的大多数普通标准自行车是用较轻的低碳钢制成的，也称作"高强度钢"，否则就是铝制的。"高强"钢的生产成本仍然相对比较低，它有耐久性，但比软钢坚固得多，所以制作自行车所需钢量也要比软钢少。

处于最顶端的是很多高质量的低合金钢。所有高质量的钢制自行车都是用这些最高级别的、很轻然而却异常坚固的铁合金制成的。制造钢制自行车管材的有一些知名的品牌，比如：哥伦布（Columbus）、真性情（True Temper）、迪达斯埃（Dedacciai）、探戈（Tange）和石渡（Ishiwata）。但如果你是英国人，一定知道一个很响亮的名字——雷诺兹（Reynolds）。

19世纪末，阿尔弗雷德·米尔沃德·雷诺兹（Alfred Milward Reynolds）在伯明翰经营一个生产钉子的工厂。工作之余，他被一个困扰整个自行车工业的问题迷住了——如何将两段又细又轻的管子焊接在一起而不削弱焊接点的强度？在无数次的失败

雷诺兹海报

之后，他终于发明了"管尾比管身稍粗"的制管技术，在1897年最初取得专利时称为"对接管"。对接管整个管身的直径是相同的，这样既减轻了重量也不会削弱强度。这在自行车工业上是一个突破。自行车制造商们开始生产下一代自行车车架，它们既坚固又轻。

雷诺兹公司继续着它的发展之路，在第一次世界大战时制造摩托车管材，后来又制造了"喷火"战斗机（Spitfire fighter）的翼梁、火箭筒管，劳斯莱斯（Rolls Royces）的轮辋与协和飞机的发动机部件，等等。但是这家起步于米德兰兹地区的制造企业总是回过头来生产自行车钢管。在设计飞机管材时，一种神奇的力量使雷诺兹无意中发现了一种锰钼合金，这正是制造自行车的绝好材料。1935年，这个公司推出了"531"管材。在当时，它被看作革命性的成就。即使是现在，英国某一年龄段的自行车手在听人提到"531"时还会立即变得眼神迷蒙，若有所思地望向远方的地平线。

整整40年，它都是自行车车架制造材料优秀程度的基准。一共有27位赢得环法自行车赛的冠军选手用的是雷诺兹车架。安奎蒂尔（Anquetil）、默克斯、希诺特（Hinault）、莱蒙德（LeMond）和安杜兰（Indurain）等自行车界的明星都骑过使用了雷诺兹双抽管的自行车。然而自行车界的专业车手群和雷诺兹长久的协作关系却在20世纪90年代中断了，因为顶级专业自行车运动员都转而使用碳架和钛架的自行车了。然而正当钢看起来就要被废弃的时候，雷诺兹又杀回来了。

2006年，该公司明智地推出了"953"钢，这是一种用于制造自行车赛车的、很轻的不锈钢管材。此举又把合金钢推回了主流管材的行列。这种特别研制的含有镍和铬的低碳合金钢具有极高的强度，这意味着用它制作的管壁可以极薄。这种用于制造自行车的极高强度合金钢成了一个新的基准。这种合金还耐腐蚀。这优越的特性使得马氏体时效钢（953钢所属的铁合金组）在不同的领域都有用武之地：钝头或尖头的击剑用剑、自动武器的撞针以及浓缩铀的离心机等。

关于953钢的最后一点是，用它制成的车管直且圆，或者是比较圆的。很多最贵的批量生产的现代赛车，有着超大的翼型、椭圆型甚至是弯曲的车管。这些也许能提高顶级专业自行车选手的成绩，也许不能，不管怎样，这样的自行车很难看。直而圆的车管也许看起来很老式，但它们就是更好看些。

我走进杰森的工作室时，雷诺兹953钢管就放在桌子角一个敞口的盒子里，其中包括上管、下管、座管、头管、两个后下叉、两个后上叉、两个车叉勾爪和一个刹车桥。我拿起其中的一根主要管子，用拇指和食指抚摸着它。它的重量和光泽给人一种质量很好的感觉。我把它小心地放回盒中。杰森给我解释了为什么三根主要车管在管径和形状上略有不同——这是根据它们的强度和车架要承受的不同种力所造成的压力决定的。

他说："我们认为不同种管子的组合最适合你的自行车。"

杰森在屋里走来走去，收拾和准备着工作台。一面墙边靠着一辆精致的单速硬尾山地车。在一个角落里，一块防尘罩下探出一辆MGB跑车的球茎形挡泥板和格栅。在另一个角落里，放着一大堆工具：钢锯、钻、锉、钢丝刷、中轴支管、头管绞刀、一台铣床、錾子、扳手、棘轮和一些我不认识的工具。工作间的中央是一个夹具——一个小型的支架，用以夹住车管，使它们在焊接过程中保持固定位置。

"首先，要把管子切到差不多的长度。"杰森从盒子中拿起一根管子说，"这一步我已经完成了。现在，我要将管端斜切，让它们完美地对接起来……这样也能保证金属之间最大接触面积，可以把它们很好地焊接在一起。"

忽然之间，房间里就充满了嘶嘶呀呀金属磨砺的噪音，橘黄色的火星从房间的角落飞起。杰森用一台巨大的砂光机磨砺着钢管。

"钢管磨削的速度还没有砂带磨损的速度一半快，"他边说边停下来查看管子的斜切边，"但是这种953太强硬了，不能用金属切刀来切它。这活儿也不能用车床或铣床来做，所以我们实际是手工制造了这台用砂带的砂光斜切机。我们称它为'家造机'。"过去，用套管做插口式焊接制造更传统的车架时，斜切这活不是很重要。但要做TIG焊[1]，就一定要完美无缺了。

---

[1] TIG焊：即Tungsten Inert Gas Welding，又称非熔化极惰性气体钨极保护焊。在焊接0.5毫米到4毫米厚的不锈钢时，无论是人工还是自动焊接，TIG焊都是最常用到的焊接方式。

我原来是想要一个用传统方法制作的车架的，用钢的套管，像插座一样把两根管子接口连接起来。从19世纪末一直到20世纪70年代（也就是差不多涵盖了自行车发展史的一大部分），这种方法是制造高端车架的最常用方式，主要是由于使用套管后，车管本身就可以更细更轻。而冶金工艺的发展，特别是TIG和MIG[1]焊接流程的引进，有效地抹杀了套管焊接的优势。现在，要一个用套管技术制作的车架基本就是为装点门面了，而且这种方法往往还更贵些。

20世纪30年代到60年代，英国的车架工匠很迷恋套管工艺。这可能也是工业革命初期英国工匠中普遍盛行的唯美求精的审美观的一种体现。一个做手工定制自行车的工坊往往会雇用一名做车架的工匠、一名漆匠和一名锉工——他可以用手工将标准的钢套管锉成华丽的艺术品。车架匠所用套管的精美程度，成为衡量他工艺水平的标准。

很多英国车架匠都因为其出色的套管钢架闻名，其中一个品牌更因其对自行车的美妙装饰而出类拔萃，那就是海晨斯。1917年，26岁的海曼·海晨（Hyman Hetchin）因十月革命逃离他的出生地俄国，从20世纪20年代开始在他位于伦敦北部的家开始了售卖自行车的行业。他售卖的车架都是由当地的车

---

1. MIG：即 Metal Inert-gas Welding，使用熔化电极，以外加气体作为电弧介质，并保护金属熔滴、焊接熔池和焊接区高温金属的电弧焊方法，称为熔化极惰性气体保护电弧焊，简称 MIG 焊。

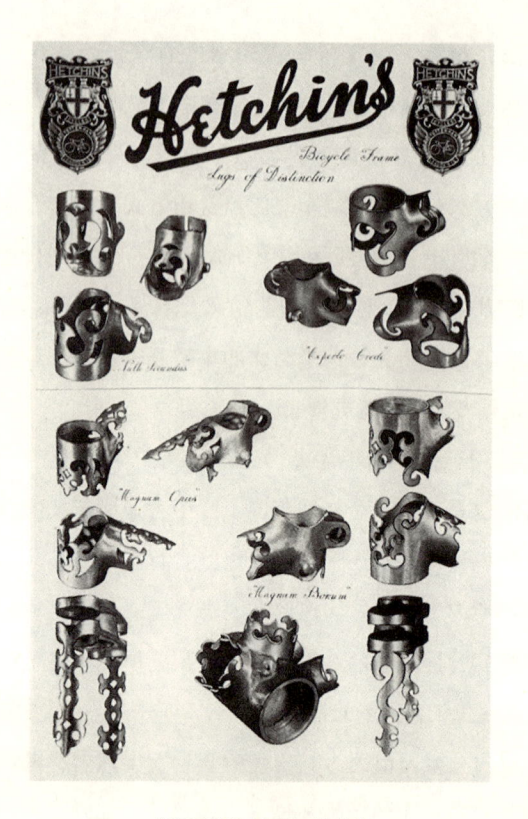

(海晨斯)赫奇恩的广告

架匠打造的,其中一位就是杰克·丹尼(Jack Denny)。丹尼相信较长的套管能使车架更加坚固,而较长的套管也意味着有了更多的空间进行装饰。丹尼和海晨还取得了卷曲式后上叉和后下叉的专利。他们打造的自行车,型号名如"冠绝(Nulli

Secundus）"和"杰作2（Magnum Opus II）"被冠以洛可可式[1]"卓越套管"的殊荣。现在，海晨斯倍受收藏家青睐，尽管这种极繁复的装饰并不合所有人的口味。

对套管的迷恋最近已经跨越了大西洋。美国当前几位著名的打造定制自行车的工匠都是20世纪70年代在伦敦和米兰学的艺。他们把这一颇为病态的套管雕刻传统带回美国，并让它变得健康起来。美国新一代年轻的、理想主义的车架工匠们继承了它。而在英国，你只有在老式自行车收藏家网站的讣告页面上才能读到关于套管雕刻师的介绍。

火星四溅的磨砺工作完成之后，杰森开始准备夹具。他走动得很快，但即使在他最急速的动作中，也透着一份从容。他手上的动作似乎是被预置的程序设计好的，常常在他手上完成一件工作时，他的思绪明显地已经转向下一步。我想，这或许就是他工艺风格的标志，是他经验的体现——他一个星期能制作五个车架。

夹具放置好，车管也固定之后，他又把一切都复查了一遍，又最后核对了一下墙上那张纸上我车架的尺寸。"头73°，座74°。"他自言自语，就像在念咒一样。

---

1. 洛可可式：即 Rococo，这个字是从法文 Rocaille 和意大利文 Barocco 合并而来。Rocaille 是一种混合贝壳与小石子制成的室内装饰物；而 Barocco 即巴洛克（Baroque），是法国18世纪以浮华纤巧为特色的装饰和建筑风格。洛可可式在此为借用，意指此款自行车套管的风格特称。

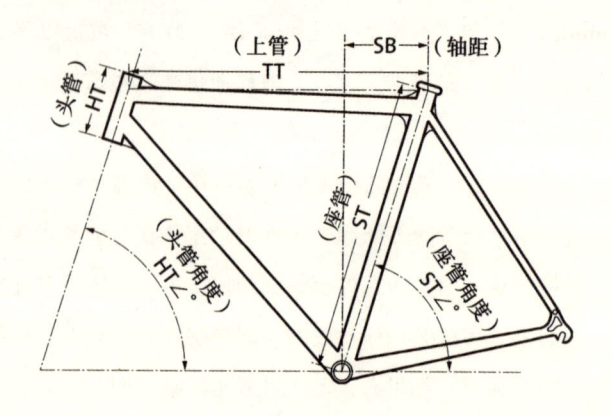

自行车车架几何示意图

杰森说的是我车架基本几何形状中的两个角度：头管角度和座管角度。车架的几何形状，也就是车架中各个车管之间的角度，主要取决于自行车的用途。市区环形公路赛用车、铁人三项赛用车、个人计时赛用车、旅行车和业余挑战赛用车，这些都是不同种类的公路自行车，用途也不尽相同。它们可能粗看起来形态差不多，实际上每种都有不同的几何形状，同时也具有了不同的骑行性能。而山地车和用于上下班的通勤车的几何形状更为不同。

车架的几何形状是一个重要因素，它会影响自行车的骑行状态、舒适程度、对骑手操纵动作的反应敏感度，以及车转弯、下坡甚至爬坡的状态等。车架和车叉的制作材料和轮胎胎压的很多其他因素也都会影响骑行质量，但车架的几何形状确立了基本的参数标准。考虑车架几何形状的自行车骑手实际并没有几个。如果你要买一辆批量生产的自行车，那就更没可能考虑这一点了。当我同一个朋友谈起车架的几何形状这个话题时，他说："罗伯啊，等你终于造完这辆自行车，你的胡子得有多长啦？"他自己也是一位自行车骑手呢。

同精确的适体设计和合适的车管材质一样，几何形状也是订购一辆定制自行车的重要环节。车架的几何形状如果搞错了，那么你制成的这辆自行车，其最好的结果就是骑着不舒服，而最坏的结果则是骑着很危险；如果几何形状做对了，这辆自行车将会达到你希望的最佳骑行性能。

座管角度：衡量座管相对于水平面的度数，可以在65°到80°间变化。较大的角度（75°—80°）会使骑手的重心靠前，贴近车把，如果骑行较长距离后会有些不舒服，但这种设计更符合空气动力学原理。这种角度经常用于计时赛自行车、赛道自行车和带休息把[1]的铁人三项赛自行车。较缓的角度（65°）则将较多的重量置于车座，这样的设计属于通勤车或其他短途自行车。常规的带下沉式弧形把的公路赛车一般用72°到75°的座管角度。这个角度部分是由人体工程学原理决定的，就是说车座的位置应该是最利于蹬踏板的。我的自行车座管的角度是74°。

---

1. 休息把（aero bars）：即 aero handlebars，指肘靠式（elbow-rest）的手握把，通称休息把。

头管角度：衡量头管相对于水平面的度数，这个角度对自行车的操纵特性和对冲击力的吸收性能有明显的影响，它一般在71°到75°间变化。较大的角度意味着自行车反应更敏捷——你转一下头，你的车也跟着转了（这样的自行车常被形容为"焦躁"或"意大利风格"，专业骑手喜欢用这样的车骑街道赛——围绕市中心的那种短途环形公路赛，有很多密集的转角，骑手组成的集群也排列得很紧密）。较缓的角度则使车更稳健，特别是下坡的时候，骑行较长距离通常感觉更舒服些。旅行自行车一般用较缓的角度。我的自行车头管角度是73°——正好处在角度域值的中点，在至少70年中，这被普遍认为是公路自行车的最佳头管角度。环法自行车赛风格的自行车，有时被称为"赛段"自行车，一般头管的角度是在73°左右——这样的车既有运动型的强度，又有感觉上的灵敏性。

其他对自行车的骑行特性有较大影响的几何尺寸还有轴距——前后花鼓间的距离，和中轴的高度。这两项也同样影响自行车的操纵性能。布兰决定我这辆自行车的几何尺寸时，考虑了我的体格、我过去的骑行经历以及我打算采用的骑行方式。其结果就是一辆越野风格的自行车：操纵上会感觉有些锐利，但即使骑上一整天也会比较舒服，而且当我以70公里的时速冲下多洛米蒂山山坡时，车子也会很稳。

除非你是一个非常有经验的骑手，否则当两辆越野风格的自行车头管角度相差一度时你是很难辨别出差别的，然而如果你先骑一辆铁人三项赛用的自行车，再跳上一辆旅行自行车，你会马上感觉到不同。别说我没警告过你：你对自行车的几何构造了解越多，你的胡子就长得越快。

"我们要开始焊接了，罗伯。你知道你不能用裸眼看TIG焊接的。它会把你的眼睛烧坏。这叫'闪光灼伤'，就像有人把碎玻璃插进你眼睛里一样的。来，这是防护面罩，可以避免伤害。"

TIG焊接是把两段车管直接焊接在一起，用钨作为焊接电极，并喷入气体形成保护层。钨起到喷灯的作用，加热熔化管端和在焊接过程中加入的金属焊丝。这种焊接方法最早应用于航天工业，20世纪80年代初期，加州做小轮越野车（BMX）的车架匠将这种焊接技术引入自行车产业。这是草根阶层的革新迅速被行业主流接受的典型例子。

戴上电焊防护面罩，我觉得自己像是在乡村小剧中出演《星球大战》里的达斯·维德（Darth Vader）。杰森在焊机的控制板上调整设置，又检查了钨电极。随着极大的一声厉响，就像一面湿了的旗子在大风中被猛地拉直一般，电焊喷枪点燃了。我心想，《星球大战》里的激光剑，说不定就是从这里来的灵感呢。杰森戴着巨大的皮质防护手套，手里拿着焊丝杆，将焊枪对准了车管。

"我现在先填焊丝，"他说，"把接口填上。然后把夹板移走，再好好焊在一起。"夹具在一个横轴上转了个方向，杰森在第一个接口处做着焊接工作，他的手很稳。当头管、座管和下管都像外科手术般干净利落地焊接在一起时，他开始处理上管：斜切，将车管与车架比对，再斜切，一遍又一遍，直到他满意为止。车的前三角成形了。它光秃秃的，没有后上叉和后下叉，看起来很脆弱。

"953钢太容易烧出洞了，管材这么薄这么脆。这要是出了错可是很贵的。"杰森说，"你看，我得注意力特别集中才行。所以我焊接的时候是不让别人进工作室的，你是个例外哦，罗伯，就因为老爸为这事叨叨个没完我才让你进来的。"

接下来杰森用夹具设定了车架轴距的长度。"按你跟老爸定好的，我给车架设好的是23毫米的轮胎，轮胎的边缘会到这里。"说着，他把一根手指放在夹具上比画着，指点的位置在离座管下端不远处。"但实际这个车架从18毫米到28毫米的什么胎都能用。要是你用挡泥板或其他类似的，那么我们可以把它调回一点到这里。但既然你的是一辆赛车，就应该是在这里。"

杰森开始了对后下叉的工作，先用钢锯来锯，然后用那台老"家造机"来斜切。这同样需要不断地校验和校正错误——磨削一点儿，把它拿到车架前比对，再磨削一点儿……如此重复直到达到完美为止。我实在是惊奇，这个活儿有这么多是靠眼睛观察来完成的。

"因为没有两个人是完全一样的，所以也没有两个车架是完全一样的。"他说，同时将手里的后下叉对在车架和夹具上，发出一声轻微的金属声"嗤—克"。"我倒也想一次性成批斜切20个后下叉然后把它们插上去就完了，可是不行啊，每个接口都得是手工特制的。这也正是为什么它只适合你，为什么它能平衡到刚刚好——但只是对你而言。"

后上叉是最后需要焊接的车管了，它们完成之后车架的后三角就完成了，钻石型车架也就成形了。有好几种不同的方法连接后上叉的上端和那个被称为"座集管"的部件——座管和上管的连接处。像套管一样，安装后上叉的方法也是20世纪在英国和意大利的车架工匠们之中发展起来的，是一种区分车架打造者的方式——它就像一个签名，是一名工匠用以彰显自己和作品的骄傲印记。这是一种以实用设计为基础的美学装饰，代表着车架工匠的艺术技巧。

这些不同的方式包括"快背式（fastback）"、"半快背式（semi-fastback）"、"希腊式（Hellenic）"和"叉骨式（wishbone）"。在罗克公司，他们喜欢用那种被普遍认为安装后上叉最牢固的方式，即将两根后上叉管端斜切后使它们包在座集管的外面，然后再在座集管上方连接在一起。

"这种包裹式的后上叉在过去的30年几乎相当于罗克的商标了。"在做完斜切后,杰森说,"但说实话,这法子真让人头痛,可它看起来漂亮,至少我们是这么看的。"

焊枪又啪的一声点燃了。我们把防护面罩上的防护板放下来。杰森拿起一根新的焊丝杆,焊枪喷出的火焰袭向座集管。他有条不紊地在焊接点周围工作着,转动着夹具,把连接焊枪的电缆从脚下轻轻甩出,使焊枪喷出的火焰稳定地保持在与焊接点恰恰合适的距离。10分钟之后,后上叉已经焊上了,焊枪的火焰熄灭了。杰森将防护面罩取下来,向后退了一步,伸出一只胳膊邀请我上前来,就像产房中一位助产士向处于震惊中的父亲展示他的新生儿似的。那辆我梦寐以求的自行车车架,它的钻石之魂——完成了!

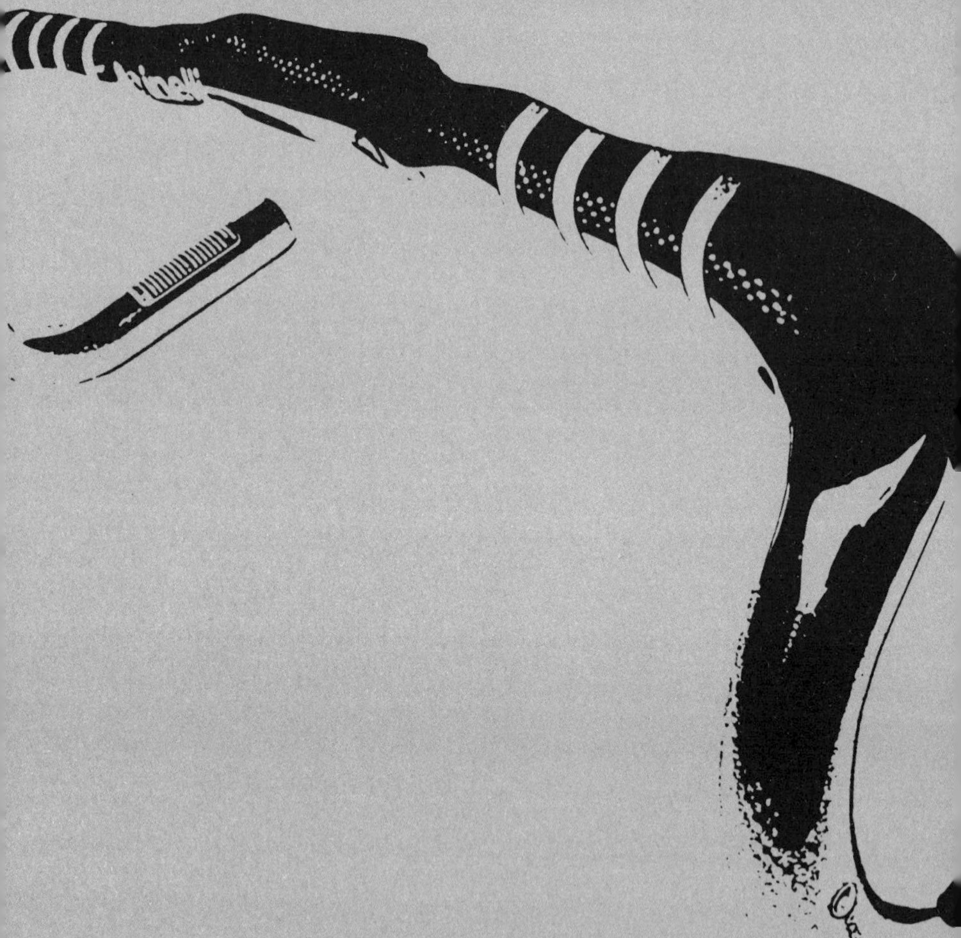

控向系统

弧形车把,掌中乾坤

生活就像骑自行车,要想保持平衡,就要不停地前行。

——阿尔伯特·爱因斯坦

1815年4月，印度尼西亚的坦博拉火山爆发，持续了3个月之久，估计有9万人在这次灾难中丧生。它至今仍然是有史以来所记载的最大的一次火山爆发。成百万吨的火山灰被喷向地球大气层的外层，形成了一个气雾罩，从而阻断了欧洲和北美洲地区的太阳辐射。太阳消失了，降雨量增加了，平均气温降低了好几度。这可能是世界所经历的最戏剧性的全球降温了。

这场灾难带来的社会影响是巨大的。在美国新英格兰地区，7月里竟然出现了暴风雪，很多农民的生路断绝了，这促进了纽约的形成和中西部的开发；在爱尔兰，6.5万人在饥荒中死去；在英格兰，发生了因食物短缺而引发的骚乱，而尘土飞扬中落日的奇幻色彩给了年轻的风景画家J. M. W. 特纳[1]创作的灵感，拜伦写了诗歌《黑暗》(*Darkness*)；在瑞士，尽的寒冬促使18岁的玛丽·雪莱写出了《科学怪人》[2]。

1816年作为"没有夏天的一年"留存于史册，那一年秋天，整个西方世界没有收成。那时燕麦的价格几乎相当于现在石油的价格。用历史学家卡尔·冯·克劳塞维茨的话来说，德国南部经历了"真正的饥荒"。在那里，农民没有燕麦来喂他们的马了，于是只有杀了它们。卡尔·冯·德莱斯·索尔布隆

---

1. J. M. W. 特纳（J. M. W. Turner，1775—1851）：英国浪漫主义风景画家、水彩画家和版画家，他的作品对后期的印象派绘画发展有相当大的影响。在18世纪历史画为主流的画坛上，其作品并不受重视，但在现代他被公认为非常伟大的风景画家。
2. 玛丽·雪莱（Mary Shelley）：英国著名浪漫主义诗人雪莱的继室，英国著名小说家，因其1818年旅居瑞士时创作的文学史上第一部科幻小说《弗兰肯斯坦》(*Frankenstein*，又译《科学怪人》) 而被誉为科幻小说之母。

冯·德莱斯男爵

男爵（Baron Karl von Drais de Sauerbronn）是一位古怪的德国贵族，同时也是一位发明家，并曾在海德堡大学学数学。他目睹了这种对家畜的杀戮而若有所思。没有了马的劳动力，一个社会将面临更深重的危机。在社会实际需要的驱动下，他实现了一个人类怀有的和自身历史一样悠久的梦想——设计了一台有轮子的机械马。

这种被命名为"德莱斯机"（Draisine）的木轮机发明于1817年，这是自行车最早的原型。它也被称为"会跑的机器"，在结构上包括两个成一字排列的马车轮子、一个供人跨坐的木架和一个简单的控向系统。它不是靠蹬踏踏板驱动的，而要靠人快速跑动或双脚在地面划桨般移动来推进，当机器跑得快或是下坡时，人要把双脚抬高，离开地面。

这是一个创举。以前从没有人把两个轮子通过一个架子安装在一条线上，并且应用自行车骑行的基本原则——通过操纵方向来保持平衡。以前人们都以为只要两脚离地，人就一定会摔倒的。是德莱斯机告诉了人类，即使两个轮子在一条线上，你也可以保持平衡，只要且仅仅在你能操纵方向的时候。

在自行车的发展史上，一个最大的、仍然没有答案的问题就是：为什么这种德莱斯机用了这么长时间才发明出来？要知道它在技术上完全具有可行性至少已经有3500年了。一种假设是此前没有人相信人们是可以在两轮一线时保持平衡的。很可能德莱斯是偶然间发现这一点的。也许他开始是预计人们需要不停地用脚助力才能保持机器的平衡。当机器造好之后，他驾着它下一道小山坡时把脚抬了起来，他才意识到是可以通过一个转向操纵装置帮助保持平衡的。

为了使机器具有更大的速率，德莱斯也需要在操纵机器走或跑的时候加速，但同时有机器的助力能大大减少能量的消耗。为了证明他的观点，他骑着这辆机器从他住的曼海姆城到了施韦青根驿站，然后又回来，往返用了1个小时，走的是巴登最好的一条路。如果纯步行，同一条路，往返需要3个小时。

作为后来人，我们知道德莱斯机是自行车的始祖。而在那时，它并没有引起人们太大的关注。这台机器价格不菲，相当笨重，重达45公斤。大诗人约翰·济慈把它轻蔑地称作"废物点心"。它太超前于时代了。道路，特别在冬天，一般也太糟糕，根本不能骑这机器。到了1820年，米兰、伦敦、纽约、费城和加尔各答等很多城市都禁止骑这机器上街。在欧洲，当庄稼的收成恢复之后，德莱斯机被人们抛弃在一边不再过问，人类对于机器马的梦想又被搁置了40年。具有讽刺意味的是，现在德莱斯机又迎来了一次潮流上的复兴——作为玩具自行车，它被认为是能帮助孩子们掌握平衡的"理想"工具。这是说明事物的发展就是一个完整循环的好例子。

现在，我们认为人们能骑自行车是理所当然的。这一方面是因为我们认为骑自行车很简单，而且一旦学会，终身不忘；还有一方面是因为我们之中的大部分人在孩提时代就已经学会骑车了。但在过去，事情并不总是如此的。在自行车的发展史上，成年人曾经需要上"骑行学校"来学习如何操控这机器掌握平衡，就像现在我们上驾校学习开汽车一样。丹尼斯·约翰逊（Denis Johnson）是伦敦一个具有创业精神的车体制造工匠，他为人定制打造德莱斯机，1819年还在伦敦苏豪区开了第一家骑行学校。他一堂课收费一先令[1]，这正合英国摄政时期[2]上层

---

1. 先令（Shilling）：英国的旧辅币单位，1英镑=20先令。1971年英国货币改革时被废除。
2. 英国摄政时期（Regency）：指1811至1820年间，在位的英王乔治三世因精神状态不适于执政，故而他的长子、当时的威尔斯亲王，即之后的乔治四世被任命为他的代理人作为摄政王的时期。

约翰逊骑行学校

社会花花公子们的口味，在他们之间这种机器有一个夏天很时髦，因此它还得了个绰号叫"花花公子马"。

自行车进化史的下一个飞跃发生在19世纪60年代的巴黎——德莱斯机的前轮被装上了转动的曲柄和踏板，"脚踏两轮车（velocipede）"诞生了。1868至1870年间，它激起了一股时尚热潮，在大西洋的两岸都出现了一阵"脚踏两轮车狂热症"。附加的踏板意味着骑者的双脚可以在骑行时全程离开地面了。因为踏板是安装在前轮上的,车把就需要向两侧伸开以抵消蹬踏带来的"忽左忽右倾侧"的作用。转弯时,由于腿和踏板的旋转面会有错位,蹬踏施加的压力也会阻碍转向机制的操纵性能。结果就是,所有人都需要到"学校"去学骑脚踏车了。巴黎最早的脚踏车生产商米修公司(Michaux et Compagnie),1868年开了一家室内骑行训练学校,就在他们的新工厂旁边。从他们那里买脚踏车的顾客可以获得免费课程,而其他人则需以小时计费约教练学习。6次课之后,骑手们就可以上路骑行了。

1869年在伦敦的一个体育馆,当一辆来自巴黎的脚踏车亮相后,人们赞叹不已。后来成为自行车伟大提倡者的约翰·梅奥尔(John Mayall)曾在《伊克西翁:脚踏、田径到航空之旅》(*Ixion: A Journal of Velocipeding, Athletics, and Aerostatics*)杂志发表了他的报道:

> 我永远也不会忘记那时我们的震惊!两个轮子在一条直线上,上面一条横梁,特纳先生就骑着它在屋里兜着圈子。我们傻傻地认为,那东西本来会让他即刻摔下来的……我转头向着斯宾塞先生惊呼道:"天啊,查理,这样竟能保持平衡!"

同一年晚些时候，期刊《科学美国人》（*Scientific American*）上的一篇文章用一种屏住呼吸的语调总结："一辆脚踏车能那样保持着直立姿态，这真是实用机械学所取得的最令人惊异的成就之一。"

1869年4月，皮尔索尔（Pearsall）兄弟在纽约百老汇开办了"脚踏车大学院或大体育馆"（Grand Velocipede Academy or Gymnaclidium），有数百名受到感染的市民参与体验这狂热流行的新玩意。著名的杂技演员汉隆斯兄弟（Hanlons），也开办了一家骑行学校。还有一些"骑行驾校"开设纯女子课程，雇用女子骑行教练来上课。还有很多骑行教材类的书籍出版。精明的生意人迅速将这股骑行"驾校"或"训练场"的狂潮扩散到全国，到那年春末，波士顿有了20家骑行学校，大多数主要城市都至少有十几家这样的学校，而每个小城也有一家。

1869年，一位美国记者总结出了这种学校如此流行的原因：

在老手的掌控下，脚踏车看起来那么漂亮，行进得如此迅捷和优雅。但你有没有自己试过？坐在那铺着垫子的小座位上，把脚放在踏板上，让所有人惊羡你的速度，这看起来是多么的简单——但你试一下看看吧！要记住千万别邀请你的女性朋友们来见证你那第一次尝试。你怀着极大的信心，体面地跨上那机器，一切准备就绪了，然后你把双脚放在正确的位置上，再然后——麻烦就开始了。你最初半个小时都在做决定——谁才应该在上面？是你自己呢，还是这辆机器？而在这过程中，这机器所表现出来的技巧和韧性不能不令你震惊。

当脚踏车在1870年发展成"高轮车"（high-wheeler）或称"大小轮"（ordinary）时（"大小币"[1]的绰号是后来才出现的），找个骑行教师是很有必要的。踏板还是装在前轮上，会约束转向操纵，骑手高高在上地坐在前轮顶端，现在要是摔下来，离地距离可真是不短！再一次，一大拨骑行驾校雨后春笋般出现，它们一般与某一自行车生产商有关。当哥伦比亚公司改建康涅狄格的总部时，时髦的办公室是它的特色之一，而在五楼就有着"现有最完备的骑行学校"。

1884年，马克·吐温在他48岁时说："第一次让一副老花镜爬上我的面颊时，我自然是乖乖地招认了年纪，但就在同一个小时之内，我又通过自己爬上一辆自行车而在外观上重新获得了青春。尽管老花镜也还戴着。"马克·吐温先生描写他跟随一位雇来的教练或"专家"学习骑高轮车的文章，生动地描述了这机器的危险：

---

[1] "大小币"（penny-farthing）：penny 和 farthing 是当时英国的两种圆形硬币，一大一小，所以成了早期前轮大后轮小的自行车的绰号。前文出现的"高轮车""大小轮"都是这种自行车的不同名称。

他（专家）说从这车上下来可能是最难学的事情，所以我们把这留到最后好了。但是在这一点上他错了。他又惊又喜地发现，他需要做的只是帮我攀上那机器然后让开就行，我自己就能下来。而且尽管我全无经验，却能以破记录的速度下来。那时他站在旁边，扶着那机器，然后我们就啪的一声全下来了——他在最下面，我在中间，那机器在最上面。

在又试了几次之后——"结果同以前一样……你不是像骑在马背上一样下来，而是像马背着了火一样下来"——吐温先生终于骑上了这机器：

我们骑起来速度还相当不错，但不久就轧到了一块砖，于是我就从那机器的舵柄上方飞出去，随即着陆，头朝下，降落在我教练的背上，然后我看见那机器在我和太阳之间的空中翱翔着。幸好它朝着我们飞过来，我们使它避免了过重的撞击，所以它没受伤。5天之后我从家里出来，被人抬到医院里，在那里见到了专家先生，他的情况还是相当说得过去的。几天之后我就恢复健壮了。我把这归功于自己的精明——从那机器上下来时下面是必须要垫些软东西的。有人推荐用羽绒床，但我觉得用个专家的效果更好些。

后来那位专家带着4个助手一起回到了这场博弈之中，然后吐温先生终于学会了掌握平衡和掌控这架机器：

> 自行车总是会"摇摆"，而且还摇摆得很厉害。为了能在上面坐稳，我被要求学习很多东西，然而不幸的是，所要求的每项东西偏偏都是有悖我本能的。也就是说，不管要求我应该做的是什么，我的本能、性情和习惯支配我用一种方式去做，而冥冥之中一些一成不变且不可置疑的物理定律却偏偏要求我用恰恰相反的另一种方式来做……比如，如果我发现自己正在向右侧倒去，我会把机器的舵柄狠狠地扭向相反的方向，这是出于一种十分自然的本能，但这是违反定律的，所以我就会继续向下倒去。那定律要求我做完全相反的事——那较大的轮子非得转向你倒的同一方向才行。当别人这么告诉你时，你简直难以置信……现在，理性一定是要摆在首位的。我的四肢都得学会放弃原有的技能，去接受新的知识。

吐温先生的总结让人印象深刻："来辆自行车吧。你是不会后悔的，如果学完后你还健在的话。"

很多骑高轮车的人确实没能保持"健在"。直到1885年有了安全型自行车之后，这世界才终于有了一辆既安全（至少和高轮车相比而言）又容易驾驭的运载机器。因为踏板是通过一根链条连接在后轮上的，前轮终于可以自由地去执行它的主要职责了——掌控方向。现在只有上了年纪的人和过于谨慎的人才会需要"专家"来教骑行了。1895年列夫·托尔斯泰在67岁时去上了骑行课。英国作家杰罗姆·克·杰罗姆（Jerome K. Jerome）也描写了大约同一时期在伦敦的公园里，老年人学骑车的情景——"上了年纪的伯爵夫人们（和）其他一些汗流浃背的贵族，还处于摇摇晃晃的阶段，勇敢地和平衡法则进行着不懈的斗争。偶尔战败时，他们会用胳膊搂住那年轻而强壮的小无赖的脖子站起来，那家伙靠做自行车教练可赚了不少钱——'12个课时保证学会。'"

对绝大部分人来说，骑一辆安全型自行车时保持平衡是简单的。在1897年出版的《全能骑手》（*The Complete Cyclist*）一书中，彭伯顿（A. C. Pemberton）写道："每个初学者必须记住的仅仅是要把车把转向他身体正倒向的方向……其他的就简单了。"——到现在这一条仍然是骑自行车的普遍真理。

《骑行科学》（*Bicycling Science*）是关于自行车物理学原理的一部学术巨著，它是这么解释自行车平衡的——"在每次出现倾侧的趋势时，要做出一些小的必要的支援性动作来加以反作用，通过提高所倾侧方向的水平基点，使所施加的反作用力（重心被后置的趋势）足以克服失去平衡的倾侧趋势。"

也许吐温先生的说法比这个更好懂些，但重要的是，在关于自行车的故事里，平衡问题永远是核心。德莱斯明白了这个道理，尽管他可能真是意外发现这一点的。掌握自行车平衡的关键是学会控制车把，使之转向自行车倾侧的方向，把重心放回到它的支撑点，然后重新获得平衡。当然了，重新获得的平衡也只是暂时性的，因为自行车多多少少总是沿着一条弯曲的轨迹行进的，总是不断地向一侧或另一侧偏出一点点。我一直在想，也许正是这一点——自行车永恒的蜿蜒路线，也是赫·乔·威尔斯[1]称之为"高贵的曲径"，就是我热爱自行车的根本原因吧。

最初，当一个孩子学习骑自行车时，他不肯向车倾侧的方向转车把。当他学会这一点之后，又会矫枉过正，把车把向左右使劲地拉来拉去，弄得车子左扭右歪的像个喝醉了的水手走在大街上一般。但总有一天，转向操纵这事会变得熟能生巧，成了第二天性。

如果你限制或锁定了一辆自行车的转向操纵系统，它就不能骑了。如果你在骑车时曾经把前轮别在电车车轨里或在越野时别在一条小沟里，你会明白我的意思的。另外，自行车必须向前行驶才能保持平衡。在自行车静止时保持平衡是极难的——这也是一种称为"定杆"（track stand）的技巧。你也许看到过有些骑固定轮自行车的骑手在城里等红绿灯时可以不

---

1. 赫伯特·乔治·威尔斯（Herbert George Wells, 1866—1946）：英国著名小说家、新闻记者、政治家、社会学家和历史学家。他创作的科幻小说对该领域影响深远，如"时间旅行""外星人入侵""反乌托邦"等都是20世纪科幻小说中的主流话题。

用脚着地也让车保持平衡，其实他们只是看起来像静止——让前轮保持一个角度，然后他们其实还是在不停地让车前后轻微地移动着。这其实是一种卖弄。我对这个很了解，因为这事我干过。

有一年我对这事很着迷，就是要求自己在伦敦骑车时，骑行全程无论何时都不让脚着地。在红绿灯前施展定杆技巧就是需要具备的能力之一。要做到这个，你必须预测红绿灯的变化，做到提前减速，还有就是知道什么时候可以在黄灯时加速抢过，同时用直觉来察看周围机动车的动静也很重要。我常常从我在海德公园北面帕丁顿地区的公寓，骑车到城里我学新闻摄影的大学去，全程不让脚着一下地。那很简单——6公里的距离，我了解主要路口红绿灯的规律，而且我选择的路线会避开主路。比较难的是从帕丁顿骑到泰晤士河南岸的坎伯韦尔，我女朋友的住处。如果我来的时候骑过花园小径，像个傻子一样笑，她就知道我做到了。她会这样说："有你在，那些走在便道上不肯踩地上裂缝的人看起来都很正常了。你真该去做做心理咨询。"我们的关系没能长久维持。

即使现在，还有一小部分成年人骑不了自行车，就更别提做定杆了。一个最新的伦敦交通情况调查显示，英国大概有8%的女性和1%的男性不会骑自行车。显然，大部分身体健全的成年人，练上3个小时就能掌握自行车的基本技巧了。而且，学骑自行车这事最好的一点就是，你只需要学一次。

从神经学角度可以解释为什么我们学会骑自行车后就永远不会忘记。我们大脑中有一种神经细胞，控制着我们对运动技能的记忆形式，这种细胞叫"分子层中间神经元"。这些神经细胞对离开小脑的脑电波信号进行编码（小脑是脑组织中控制协调运动功能的部分），把它们变成可以作为记忆储存在脑组织其他部位的一种语言。当然了，我们的分子层中间神经元并不是只对骑自行车所需的技能进行编码，它们对所有的运动技能进行编码，从爬行到滑雪，从编织到跳探戈。

不能解释的是，当我们需要描述为何一些事情能被如此清晰地刻印在记忆中甚至可以至死不忘时，为什么唯有骑自行车被挑选出来作为大家共有的一项经验加以说明？当我们要说一件事情我们永远不会忘记怎么做时，就会说"这像骑自行车一样"，为什么我们不说"像划船一样"，"像用筷子一样"或者"像蛙泳一样"？出于某种原因，当我们需要评价自己的分子层中间神经元时，我们就是选择了骑自行车这件事来作为运动技能的基准。我不知道为什么，我也不知道是否有人知道。

这可能与自行车和童年的联系有关。正如我之前说过的，我们中的大多数人很早就学会了骑自行车，用约翰·贝杰曼（John Betjeman）的话来说就是"在理性出现的黑暗时刻之前"。大概，我们年少时小脑发出的脑电波信号更强些，因此也被更用心地编码和储存在更安全的地方——苏黎世银行地下金库保险箱的颅内版。也可能是因为骑自行车这事和我们人体契合得无比完美，以至于我们的分子层中间神经元在对这些运动技能进行编码时竟能担保这些文件在用户的有生之年都不会被破坏。

这可能还与安全型自行车令人难以置信的超佳平衡性有关。它的平衡性如此之好，以至于完全不需要一名骑手来驾驭它。如果你放手让一辆精准校定过的、无人驾驶的、具备自由控向系统的自行车滑下一个斜面，它能保持直行和直立，它所能达到的速度则取决于它的设计类型。一辆没有骑手驾驭的自行车，在遇到颠簸或其他干扰时，甚至能自动做一些必要的小动作来操纵和调整自己。物理学家把这叫作"固有的稳定性"。我们常常读到，自行车旋转的轮子所产生的回转动量可以独立支撑无人驾驶的自行车的运动，就像一个旋转的陀螺一样。这是错的。对于一个能保持自平衡的载运工具来说，回转效应只是它背后几个精妙的设计概念之中的一个，其他还有几何造型和质量分配等。

不管有没有骑手驾驭，自行车都确实需要一个具有良好平衡性和养护得当的控向操纵系统使之保持直立。这包括了车把、车把立管、前叉和头碗组。一副前叉中有转向管，它们穿过车架中的头管；车把立管和车把连接着转向管。头碗组主要由两套轴承组件（或称"碗"）组成，它们被压进车架头管的上下两端。有了头碗组，前叉就能独立转动，进行控向操纵和保持平衡，而不会带动车架。

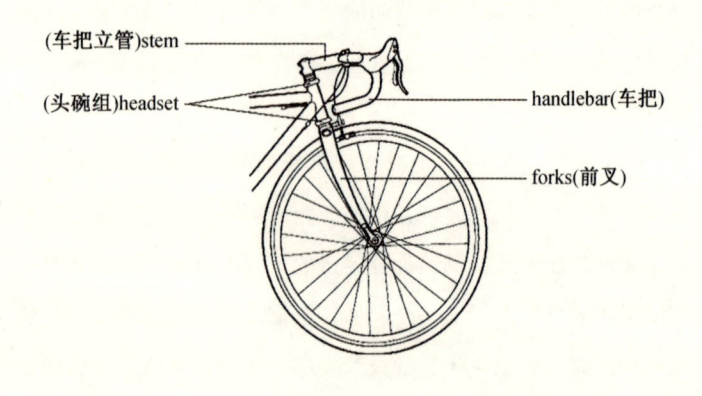

控向系统几何示意图

（车把立管）stem
（头碗组）headset
handlebar（车把）
forks（前叉）

"我们把这当作一个自发的试验。"克里斯·迪斯泰法诺（Chris DiStefano）说。他站在一个没有厂名、极其朴实的工厂门前迎接我，一见面就和我热情地握手。这是在美国俄勒冈州波特兰西北地区一个很大的工业区的一端，在奈拉街末端，这条路到这里便成了死路——既没有街牌，也没有任何道路标志。我用了半个上午的工夫才找到这家克里斯·金精准件公司（Chris King Precision Components）。我向路人打听了足有二三十次，每次得到的回答都是："不知道，我从来没听说过这地方。"这真有些奇怪。这家公司在业内很有名，生产质量好且设计精巧的自行车零件，有花鼓、中轴，头碗组尤其出名。他们的名声已经传遍全世界，而和他们隔一个街区工作的人却从没听说过克里斯·金这名字。更匪夷所思的是，他们连奈拉街都没听说过。这证明了很早以前我骑车环游世界时学会的一个道理：如果你想知道一个地方的事，看在上帝的份上，千万别问当地人。最后，我终于还是找到了地方，就像一个人最初学骑自行车掌握平衡一样，靠不停地尝试且犯了无数错误之后才成功的。

克里斯·迪斯泰法诺是克里斯·金的市场部经理。当我第一次给他写邮件大致描述了我的自行车计划，以及我希望拜访他们的工厂亲眼看到我梦寐以求的自行车所用的头碗组在那里生产出来的想法时，他把我希望的百叶窗啪嗒一声就关上了——不会给我安排在工厂的全面参观，不能对工厂设施拍照，不接受"即兴的订单"采购零件。而对于我提出的采访克里斯·金本人的要求，克里斯·迪斯泰法诺回复道："绝无可能。糟糕，我知道，我带来的就没有好消息。"谢天谢地，我到这里以后，克里斯变得热情了些，尽管要与克里斯·金本人见面确实是不可能了，因为他"度假去了"。

"其他人的行程到这里就结束了。"克里斯站在由接待室通向工厂的那扇门前说。他身形敏捷，看起来像个坚定的业余自行车骑手，有着拳击手的长胳膊和单口相声演员般时常出人意料的手势。"但是，因为这将是一辆你'梦寐以求'的自行车，'况且'你还大老远从威尔士跑来，我们还是决定邀请你

头碗组

进入这扇红色的门。"

我们穿过成品区和零件装配区,头碗组成品在这里被组装和包装好。"它们每一个都将成为某一个人梦寐以求的自行车的一部分哦。"克里斯说。在车间一角,一台激光刻印机正往花鼓上刻公司的图标。克里斯向我介绍了各个区域的工作人员都如何参与设计工作。他们是个不到100人的公司,这使得每个人对公司都有种主人翁的责任感。

"克里斯·金是从1976年开始做这一行的。他原来是个狂热的自行车旅游爱好者,那时他听到了很多喜欢骑车的朋友抱怨自行车头碗组的质量太差。"克里斯向我介绍说,"作为制作医疗器械的工程师,金想,以他的技术经验应该能把这个做得更好，后来他设计了第一个封闭型的轴承头碗组。"

我们来到了一个金属的露台，从这里向下望就是生产车间的"样品和开发区"了。那里只有一台机器在工作，我有点怀疑他们样品制作的工作是由于我的到来特意暂停了。如果你想刺探头碗组设计开发的情报，或者是靠倒卖自行车技术秘密过活的，那么说自己正在组装一辆梦寐以求的自行车并想写本关于这个的书，肯定是个好掩护。

在一辆自行车上，头碗组是个看起来比较乏味却相当重要的部件。它也是一个需要承受来自路面强烈冲击的部件。安装在头碗组下部那个碗内部的滚珠轴承，组装方式和自行车所有其他能转动部位轴承的组装方式都不同。它们的排列方式是与轴同向的，基本不会转动——像来自路面撞击这类讨厌的状况，是传导给静止的滚珠轴承的。这叫作"推应力"，它会导致轴承产生凹坑或斫痕。对于山地越野路况，或一辆负荷沉重的旅行车，这个问题就更加严重。

"山地车开始出现的时候，转向系统零件的质量问题就显得更突出了。"克里斯说。这时我们正穿过他们的大车间，敲打、嘶鸣声使房间充满了生气。正是这样充斥着各种隆隆、嗡嗡、嗒嗒声的机械制造过程，使金属有了生命。"你也骑山地车的，是不是？山地车上的头碗组就像在气锤下面一样不断地被锤打着的。而且要是你骑车的地方天气又比较潮湿，那你车上的头碗组日子就更艰难了。所以你得有好的轴承。我们在这就是干这个的——做特别棒的轴承。是啊，我们确实也做漂亮的铝壳，还做出好多可爱的颜色来，套在轴承外面。有人把我们做出的零件称作'自行车首饰'，这话一点也没错。但实际上，我们真正干的事就是做特别好的滚珠轴承。"

自行车业是最早广泛应用滚珠轴承的工业，尽管人们在很早之前就已经明白这个原理了。伽利略在1600年左右就描述了滚珠轴承的原理。而比他早了一个世纪的莱昂纳多·达·芬奇也写到过它们。罗马时期的战舰中曾发现过木制滚珠轴承的残片，它们的历史可以追溯到公元40年左右。滚珠轴承的原理很简单：当两个平面滚动接触而不是滑动接触时，产生的摩擦会减少很多。现代自行车上用到很多滚珠（即包裹着润滑剂的坚硬的球形钢珠）——花鼓内固定和转动的零件中都要用到，中轴中要用到，踏板要用到，飞轮和头碗组中也要用到。如果没有滚珠轴承，骑一辆自行车就会像滑雪橇。

1869年11月，在巴黎的一个寒冷潮湿的日子，不起眼的滚珠轴承以一种颇具戏剧性的方式进入了自行车的历史。在数千名观众的注视下，100多名自行车骑手，其中还包括十来位女性骑手，聚集在巴黎的凯旋门下。早晨7点30分，随着一面旗子一摇的开始信号，他们向西北方向125公里之外的城市鲁昂进发了。

那是世界上第一个公路自行车赛。在当时极差的路况下，这种比赛不仅是对人，更是对车子的一次严峻考验。奖品是

詹姆斯·摩尔

1000法郎[1]。赢得比赛的是詹姆斯·摩尔（James Moore），他是一个在巴黎长大的英国人，在他家街对面住着一户做铁匠的人家叫米修，他们也做脚踏车。摩尔在英国被称作"飞驰的法国人"，在法国被称作"飞驰的英国人"，他后来成为他那个时代最知名的自行车骑手之一。他赢过很多自行车比赛，创过1小时距离赛的记录，还有好几个世界冠军头衔。但关于他，人们

---

1. 法郎：此处指法国法郎，2002年前法国的法定货币单位。1法国法郎≈1.1633元人民币。——编者注

记得最清楚的就是他赢了第一次巴黎–鲁昂公路自行车赛。

1870年的巴黎–鲁昂自行车赛，赛程由于法国和普鲁士之间爆发了战争而被打乱，但后来所有的欧洲经典公路自行车赛都以它为典范，直到现在都是如此。我们可以列举几个这样的比赛：1891年开始举办的波尔多–巴黎赛是一项长度为560公里持续一夜一日的比赛、1892年开始的列日–巴斯通–列日赛、1896年开始的巴黎–鲁贝赛和1903年开始的环法自行车赛——每一个新的比赛似乎都试图超越它之前的赛事。然而在自行车比赛与人的艰苦奋斗这一漫长而纠结的关系中，巴黎–鲁昂赛竖起了第一座里程碑。据说摩尔在比赛之前曾经说过这样的话："我要么第一个到达终点，要么就是死在路上了。"

这是一种英雄情结——一种自此之后便成为公路自行车比赛基石的情结。正是这样一种情结使得人们投入了无穷无尽的资源来推销与自行车公路赛相关的自行车、自行车零件、骑行服、旅游度假、报纸、书籍、电影以及赛事本身。当然了，也是这种情结盲目地纵容了兴奋剂在这项体育运动中泛滥了一个世纪之久。这个情结在1967年的环法自行车赛中杀死了汤米·辛普森——他确实被发现死在了路上，倒在了距旺图山山顶1.5公里处，血液中有安非他明[1]和柯纳克白兰地的成分，这座

---

1. 安非他明：又名苯丙胺、苯异丙胺，俗称安非他命或安非他明。英文名称来自alpha-methyl-phenethylamine 的简写 Amphetamine。这是一种中枢兴奋药（属苯乙胺类中枢兴奋药）及抗抑郁症药。因静脉注射或吸食具有成瘾性而被大多数国家列为毒品（苯丙胺类兴奋剂），即使供药用时，亦列为管制药品。

山也因此变得声名狼藉。他不停地骑着，一直到死。他其实没说过"把我放回到自行车上去"这句话，但在诺丁汉郡哈沃斯镇教堂的墓园中，辛普森墓碑上的碑文是这么写的："身体痛楚，腿脚疲累，然而他永不放弃。"

实际上，摩尔在1869年巴黎–鲁昂赛上的胜利，与其说是由于人的意志，不如说得益于技术上的优势。他所骑的自行车是唯一一辆在踏板轴中安装了滚珠轴承的。我也知道描述滚珠轴承没有渲染人类身体和意志上的坚韧不拔那么动听，可惜这是事实。1869年11月7日那天，从大军团大街起点出发的有各种各样的车，其中还包括独轮车、三轮车和四轮车。但詹姆斯·摩尔和其他真正热衷于比赛的骑手都骑两轮脚踏车。比赛的宣传赞助商是《脚踏车画报》（*Le Vélocipède Illustré*）杂志和奥利维尔（Olivier）兄弟，他们是成功的脚踏车制造商米修公司的老板。

关于摩尔那天所用的坐骑，可惜现有资料对于细节不能达成共识。他可能骑的是一辆沉重的木制车，装有厚重的橡胶轮胎，由他们家的朋友米修制造的。他也可能骑的是由法国机械师苏利瑞（Suriray）为这次比赛特制的一辆自行车。然而所有的记载确实都在一件事上意见一致：他那天骑的自行车是第一辆在踏板轴上装了滚珠轴承的车，这使得曲柄转动得更加顺畅，因而蹬踏变得更加高效。摩尔比第二名快了15分钟，赢得了那场比赛。

第一个滚珠轴承的专利是威尔士铁匠、发明家菲利普·沃恩（Philip Vaughn）在1794年取得的。他把辐射状滚珠轴承装在马车的车轴上，使它们拉动起来更容易。奇怪的是，他的主意并没有流行起来。苏利瑞在1869年初第一个取得了滚珠轴承在法国的专利。历史学家邓肯（H. O. Duncan）的说法是，苏利瑞那时在巴黎附近的圣帕拉杰监狱服刑，就是在那里他为摩尔的自行车手工磨制了滚珠轴承。问题是这些手工制作的滚珠轴承不耐用。事实上，这些早期的滚珠，它们磨损得非常快，在自行车的使用过程中甚至能磨损殆尽，变成一堆粉末。

19世纪70年代末，伯明翰的两名工具匠，威廉·鲍恩（William Bown）和约瑟夫·休斯（Joseph Hughes），为润滑式轴承和一个滚珠轴承座圈（承载滚珠的一个光滑的圈）申请了专利，并使他们的发明以"风神"（Aeolus）为商标应用于自行车和马车的车轮以及旱冰鞋。休斯发明的可调整的滚珠座圈很快就成为整个自行车工业的标准零件。然而一个更大的突破来自德国。弗莱德里克·费舍尔（Friedrich Fischer）被世界各地的滚珠爱好者一致尊为"现代滚珠轴承之父"。也许这个称号没有那么好听，并不是人人都想拥有的，但如果你骑自行车，很多事情你确实要好好感谢费舍尔先生。1883年他发明了滚珠磨床，这使得人们第一次有可能用一台机器大批量地制造完美的圆形球体。他所创建的公司到现在仍然很强大。正是由于这项发明，精确制造表面极坚硬的钢球成为可能，滚珠轴承得以应用于自行车的所有可转动部件，之后又普遍应用于摩托车、飞机、汽车、轮船、滑板、印刷机，以及其他你能想得到的任何机器。

现在，滚珠是用高度精密的机器来制造的。它们的性能取决于多种微妙因素，其中最重要的是它们制造过程的质量等级。制作精良的滚珠，以极高的精确度制作完成，经过正确的配置和组装，在使用过程中保持清洁和润滑，那么它们完全可以经受数百万转——或者说，经受自行车行驶很多很多英里。但是，在自行车零件的制造业却仍有一种使用更轻更便宜的材料来制造滚珠轴承的趋势，这使它们的使用寿命减少到可容忍的最低限度。我自行车上花鼓、中轴和踏板中的滚珠轴承曾经报废过，我也有过头碗组失灵的经历。后者，头碗组失灵的情况发生时一般并不太戏剧性，有些事情不大对劲时，你是会得到警示的。尽管如此，一旦滚珠轴承确实开始出问题，你的转向系统也会同时出问题。当你开始感觉到转向系统出现了最轻微的不准确，当你的本能给你戴着手套的双手下达了指令，车把转向一个方向但前轮指向另一个方向时，你就再也不能相信这辆车了。

克里斯·金在最初的15年生产的头碗组数量很小，但这些产品吸引了一批狂热的追随者。大约5年前我开始注意到他们的产品，而在这之前我从没见过他们产品的广告，甚至在英国也从没听人说起过它们。我是在很漂亮的自行车上看到它们的，那些自行车不见得价格很昂贵，却很有品位，并散发着人文关怀气息。

克里斯·迪斯泰法诺对我说："我们的客户大多数是自行车迷。他们喜欢我们零件产品的精确性、耐久性和高质量。他们赞同我们的理念——做一个东西就要一次性做好并让它经久耐用。"我们走在他们的大车间里。这里出奇的干净。克里斯指给我看他们的排气系统，告诉我它能提取空气中的油"雾"并加以再利用。

"我们的产品没有型号等级之分，"他接着说，"你不会买了入门级的CK（克里斯·金）零件，但向往着更高级别的产品并攒钱买到了它，把旧的那个替换掉，然后一步一步地去升级。你只需要买一个头碗组就是了。你可能换了六个不同的车架了还在用着它，也可能只把它用在同一辆自行车上，但能用很多年，十几年，或二十几年。我们的目标就是好好地做一个东西，做一个你能做到的最好的东西，这样你就不用再耗费一次资源了。"

这是一个很好的理念。它远远不是制造业中最赚钱的方法，但如果你要对克里斯·金的产品做出评价的话，那就是它确实管用。

"我们的产品没有预计的过期年限；我们也没有型号年标；我们也不每年更新产品。实际上，我们现在还在销售的1英尺螺纹头碗组,和克里斯·金在1976年开始制作卖给朋友们的那种型号的产品完全一样。"

我们已经走回到那一排正在停机休息的机器旁,经过管理区时,他给我看了克里斯·金空空如也的办公室。"他度假去了。"克里斯又说了一遍,在我们走向食堂的门前时。员工正坐在那里吃午饭,他们看起来更像是"地狱天使"[1]一个支部的会员,而不像一群做技术活的工人。

"啊,对了,"克里斯说,"那是波特兰人的形象。你在这地方待的时间越长,身上的文身就越多,就像橡树的年轮似的。你饿吗?我们这儿的饭不错。"

那菜谱看着根本不像一个工厂食堂的标准:早餐是火腿蛋松饼[2],午餐是凯撒沙拉[3]。"对于克里斯·金而言,食物是很重要的一部分,对他本人和公司都是如此。"他们的厨师罗伯特一边切着一块鸡胸脯肉一边对我说。我心想,对于自行车运动

---

1. "地狱天使"(Hell's Angels):最早是1948年创建于美国加州的一个摩托车俱乐部,现在已经在全世界二十多个国家有分支机构。会员大多骑乘哈雷摩托车,穿黑色皮衣,有文身。因为会员犯罪记录多,一度被美国司法部视为有组织犯罪集团的摩托车帮会,在很多国家和地区也因为暴力或暴力倾向多次被查封或禁止。
2. 火腿蛋松饼(eggs Benedict):或译作班尼迪克蛋,是一种烹调食物,以英式玛芬(English muffin)为底,上方配搭火腿或培根、煲嫩蛋和荷兰酱。
3. 凯撒沙拉(Caesar salad):一种由烤面包粒配不同蔬菜、肉制品和调料做出的食物,世界各地的凯撒沙拉有不同的做法。这种食物因为最早由凯撒·卡狄尼(Caesar Cardini)在1924年发明,所以称为凯撒沙拉。卡狄尼是个墨西哥蒂华纳(Tijuana)的意式餐馆老板兼主厨,关于沙拉发明的故事有许多种版本,最常见的说法是,有一天餐厅耗尽了厨房内所有的东西,因此卡狄尼用他仅剩的食材,并以他的天赋异禀,制作出了凯撒沙拉。

者而言，食物也是很重要的一部分。每当我骑了一天车，我的胃口在各个方面都是最好的：我需求的食物量最大，享受食物时的喜悦最纯粹，吃完以后那种吃饱吃好的原始感觉最真实。骑车可以把食欲提升到和激情喷发时的情欲一样强烈。在完成一次长而疲惫的骑行之旅后上床就寝，除了内心的宁静和精神上的充实，饥饿之后吃饱喝足的满足感也是骑车带给我的最大的快乐之一。

"一点没错，"当我向克里斯讲了对食物和骑车的看法之后，他说，"昨天晚上，我骑了6个小时的山地车——你知道，就是那种骑了3个小时感觉没有尽头的那种骑法——回家之后我吃晚饭，连着吃了两顿。"

我们和黛安娜·查默斯（Diane Chalmers）一起吃的午餐，她是克里斯·金公司运营部的副总裁。她向我解释说，公司食堂食物的质量也是鼓励员工骑车上下班的一种方式：

> 一般是那种比较明显的事情，像安全的自行车停车场啦，沐浴设施啦，通风条件好的更衣室啦（因为有时波特兰会很潮湿），还有路线建议什么的。这些我们都有。一个鼓励骑车的更有创新精神的办法就是餐饮了。如果你骑车上班，可以挣到信用票，这个可以在公司食堂当钱花。我们另一个鼓励骑车的办法是开展两个月的骑车上下班挑战活动。在5月或9月，如果你天天骑车上下班，可以挣

到两天额外的带薪假，如果这两个月你都做到了，一年最多能挣到四天假。除了我们，还没听说别的公司有这么做的。这法子很有效。它在员工中间创造了一种有集体感的社团氛围，而且也使我们在一个更大的环境中创造了一种社团氛围，因为我们其中一个月的挑战活动已经成为整个波特兰地区的活动了。但说真的，我们这么做其实只是为了鼓励人们多骑车。

我是被克里斯·金零件产品的雅致外观和可靠质量所吸引，才来参观他们工厂的。我本来有些担心看到的会是一个充斥着各种可怕噪音的肮脏厂房，里面的工人张着缺牙少齿的大嘴喝着甜茶——就像詹姆斯·摩尔可能会认出的打造他的自行车的那种粗野的工作间。我曾想象自己站在一个高大的穿着蓝色连体工装的人面前，他留着摇滚乐团ZZ Top[1]乐手那样的长可及胸的大胡子。我问道："你是克里斯·金吗？"他反问："你这家伙是谁？"但现在，我坐在一位温雅可人的女士旁边，在一个现代的午餐厅吃着凯撒沙拉，讨论着开明的骑行鼓励政策。

我喜欢克里斯·金这个公司。实际上，我也喜欢波特兰这个城市。从1993年开始，这个城市极大地发展了自行车相关的

---

1. ZZ Top：美国20世纪70年代摇滚乐队。乐队成员Billy Gibbons和Dustyhill蓄着长长的胡须，具有标志性。

基础设施。在过去10年中,这里骑车的人整整增加了十倍。现在,波特兰人的人均骑车量高于美国所有其他大城市。这里有完善的骑行道路网,包括自行车道、隔离车道的安全路口和自行车"大道",还有为方便骑车人设置的路标和便道标线等。在市中心,交通灯将交通流的速度控制得比较慢,使自行车也能跟得上。你可以带着自行车上所有的公交巴士、公交街车和轻轨车。汽车停车场中设了自行车停车区,到处都有自行车支架。波特兰州立大学中设有一个研究所,专门致力自行车和行人的交通研究。我还曾读到过,有人甚至用自行车搬家——只需说一声,长长的自行车队就来帮你把厨房水槽搬走了。

俄勒冈州是木材工业的故乡。15年前,我骑车穿过这个州。那时候,环境保护主义者和伐木工人之间的冲突十分激烈。一天,我沿着太平洋海岸公路,向加利福尼亚的方向骑去。那条路从海平面开始升升降降,连着经过好几个陡峭的断崖。那时雨下得很大,我正骑在一个大下坡上,风抽打着我的自行车,眼前一片水雾,几乎什么都看不见。下坡速度正快的时候,一辆皮卡车超过我,然后减了速。我骑到它旁边时,那车突然从路的内侧向我逼了过来,当时形势非常凶险,只要司机的手腕向外那么一抖,我就死定了。司机旁边座位的窗户摇了下来,透过一片雨帘,我只看到一个棒球帽的帽檐,一片胡子,然后看到了一嘴牙。当我们的目光相遇时,那个男人冲我喊道:"你这个抱兔子的狗杂种!"

波特兰的变化太大了。这个俄勒冈州人口最密集的城市，曾经有着八条车道的高速公路，完全没有自行车骑行传统，传统工业是罐装食品制作和冷藏，而现在它成了美国的骑行之都。

"要是你把环境弄得安全了，人们是会骑车的。"市长萨姆·亚当斯（Sam Adams）是这么告诉我的。我见到他是在我去克里斯·金公司的前一天，那时波特兰正在举办一年一度的"跨桥骑行"（Bridge Pedal）活动——这一天全城大多数街道和跨威拉米特河（Willamette River）的主要桥梁都禁止机动车通行，17000人加入了两轮车的骑行行列。

萨姆说："我们所做的大部分事情，其他任何城市也都很容易做到。而且我们还只是开了个头而已，真的。我们的目标是，全城25%的交通出行由自行车来完成。这是一个具有可行性的目标。"市政府在这方面的积极政策吸引了自行车企业和自行车爱好者从美国各地来到波特兰。克里斯·金公司就是从加利福尼亚搬到这里来的。

"你可以说波特兰占有了自行车相关的资源。"斯莱特·奥尔森（Slate Olson）是这么对我说的。斯莱特是从旧金山搬到这里来的，负责英国骑行服品牌"拉法"（Rapha）美国公司的业务。我们是在密西西比大道见面一起喝咖啡的，那是波特兰城北的一条波西米亚风格的街道，一整天都有自行车来来往往。

是的，这里有上万人每天骑车上下班，每个周末也有人骑车，1200人参加周末的越野自行车赛；城里还有一伙人专门制作和骑行变异自行车的；这里有自行车马球赛和自行车马术赛；每星期还有一帮家伙举办一个叫"轰炸动物园"的活动，就是骑着儿童车从华盛顿公园（Washington Park）开始一路下坡往下冲。这个地方渗透了自行车亚文化。噢，对了，我们这里还举办美国最大的裸体自行车骑行活动呢。据说，在波特兰，每隔27分钟就有一个自行车活动。从政的人，要是没有一个有关自行车的政策宣言就别指望会当选。这城里至少有25家搞车架定制的公司，所以波特兰也是手工打造自行车传统复兴的一个中心。这是很令人向往的。很多美国城市都看着波特兰热热闹闹的自行车场面在琢磨着：我们怎么才能也像那样呢？

我拜访了一个叫萨夏·怀特（Sacha White）的私人工坊，他在波特兰做车架很有名。他给我讲述了波特兰是如何以自行车为中心重新建立起很多小型社区的：

我孩子上学的学校，有一半的孩子每天骑车上学。如果你在一个地方住，也在那里上班，还在当地的店里买东西，那么你就有了一个联系紧密的社区了。要是在郊区有座大房子，四周围上篱笆，每天开上10英里车送孩子去上学，开上20英里去上班——这就破坏社区了。我想有整整一代人是在重新权衡那个美国梦的观念了。社会又重新接受了自行车。而我们要靠生产好的交通型自行车来帮这个忙，我们造出来的车子是真正有用的，可不仅仅是个玩具。

他说起话来轻言细语的，但对自己在做什么和为什么这样做却目标明确、意志坚定。他是在为一个勇敢的新世界打造自行车呢。不用说我也知道，他所有的自行车上装的都是克里斯·金的头碗组。

午餐之后，克里斯·迪斯泰法诺又领我回到楼下的零件组装区。在一张工作台的一角，放着我的头碗组。他一只手拍着我的肩膀，用另一只手的拇指和食指拿起了那个头碗组，把它举过我们头顶对着光。"一又八分之一规格，'无螺纹直管'系列（No Thread Set），带银色'sotto voce'字样图标。我保证不管你把车漆成什么颜色，它都能搭配得很和谐。"他接着说，"它有10年的保质期，我们相信我们的轴承就是这么好。这是一个人人梦寐以求的头碗组，正好配你那辆梦寐以求的自行车。"

奇诺·奇纳力（Cino Cinelli）这个名字是响彻整个现代竞技自行车史的。现在，你需要具有化学方面的学士学位和聚合物

奇诺·奇纳力

复合材料系统的博士学位才能从事自行车业的研发工作。1930年，14岁的奇诺·奇纳力退了学，之后他是在路上，在自行车的竞技生涯中获得了更多的知识。在长达10年的专业自行车选手的职业生涯中，他赢过环伦巴第自行车赛(Giro di Lombardia)、环皮埃蒙特自行车赛（Giro di Piemonte）和环坎帕尼亚自行车赛（Giro di Campania）。他职业生涯中最辉煌的胜利是1943年赢得了极其艰苦的米兰-圣雷莫赛（Milan‑San Remo），那是长度298公里、用时一天的经典自行车公路赛。

1948年，他相信自己的职业生涯该向另一个方向发展了，于是来到米兰，和自己的兄弟一起开了家公司。公司的一部分业务是销售其他厂商的高端自行车零件，这使得奇诺成为意大利自行车业的教父级人物——他经营的产品是以质量卓越著称的，只要你的产品进了他们的商品名册，就自然名声大震，身价倍增；公司的另一部分业务是经营他自己开发的产品——以他名字命名的品牌，其显赫声名一直持续到今天。

奇纳力很少在时尚方面下功夫，却将他不落俗套的主张引入自行车定制车架的生产中来。他们的产品很丰富，既有赢得奥林匹克奖牌的场地车车架，也有"超级种族"（Supercorsa）系列公路车车架（这款车架成为20世纪末期自行车业永恒的图腾），还有捷豹E-型的自行车车架。奇纳力还与优尼坎尼特（Unicanitor）合作设计了世界上第一款塑料车座。20世纪50年代，他发明了第一款整体倾斜式叉冠，70年代又发明了M-71踏板，这是世界上第一款带卡扣的踏板；他还创立了意大利专业自行车运动员协会（Association of Professional Cyclists）并制定了训练规范。然而，奇诺·奇纳力和他领导了30年的公司，是以车把和竖管闻名的。

尽管自行车的用途可能很不相同，但车架的几何形状变化很小，与此大不相同的是自行车的车把。随着自行车用途和种类的不同，相应车把的变化极大，而且形态也五花八门。山地车用的是直把或上升型燕把，后者顾名思义就是由中间向把端升高翘起的车把。小轮越野车的车把是U型中间带横杠加固的。大多数全地形车或多功能实用车，车把要么是直的，要么就是"北路"把（North Road）——把端向骑手方向弯转直到把套与车身平行。类似的，一些旅行车也用这种后掠式车把。场地自行车车把的特点是，车把弯转是从最中央迅速下沉，直接过渡到下把位或D型把套——这种设计是因为场地车不需要刹车把手。这种车把使骑手的胳膊有更多的移动空间，便于身体离开车座进行冲刺；近年来，城市固定轮或单速自行车也很流行用这种车把。铁人三项赛用车使用休息把，骑手骑行时可以两手前伸，双臂放松放在前轮上端的车把上，这样的姿势虽然不利于转向操纵，但从空气动力学上说，身体趴低是更有利的姿势。

然而，最常见的车把，就是那种我们大多数人随便画一辆自行车时会画上的那种车把，是常规的下沉型弯把。所有的公路竞技赛车用的都是这种车把。这种车把最大的优势是它使得全车的负重能均匀分布，而且骑车时你可以用手舒服地握在几个不同的位置。如果你曾经一天骑行150公里，那么你就会明白这种不同的把位有多么重要。你可以让身体坐直，手放在车把较平的顶端来欣赏沿途风景；你可以握在车把的弯沉处，俯下身隐在前面骑手的滑流中稍事休息；爬最陡的上坡路时，用手勾住把端，身子离座奋力蹬骑；或把手塞进D型把环握起双拳，飞速冲下一个山坡或向终点冲刺。

1948年，当奇诺和兄弟一起开始合伙做生意时，自行车的车把都是钢制的，在夹具的帮助下手工制作成形。公路赛车的车把差不多都是一个标准形状——从中心开始，车把直直地向外伸，然后缓缓地向外弯；当弯到同车架平行时，开始向下转，以大约160°角弯成一个光滑的径向弧，在尾端再伸直。那时，这是一个经典又优雅的车把造型。

20世纪50年代，奇纳力开始在车把的下沉深度、弧径、弯转长度和弯折角度等细节引入一些微妙的变化。那时他出品的车把款式都是用盛大的赛事、著名的坡道和不同时代的传奇人物等来命名的。当时，奇纳力推向市场的车把款式有"圣雷莫"（San Remo）、"超耐力"（Gran Fondo）和"环意大利"（Giro d'Italia）等。60年代，另一个由安布罗西奥工厂以前的一名工程师创建的名叫TTT的意大利自行车零件制造商，也生产出了"博贝"（Bobet）、"安奎蒂尔"（Anquetil）、"德菲利皮斯"（DeFilippis）和"科比"（Coppi）的车把。下沉深度从145毫米到210毫米不等，弯转长度（即从车把顶端到弯折顶点的垂直距离）从90毫米到125毫米不等。

都灵的朱塞佩（Giuseppe）和乔瓦尼·安布罗休（Giovani Ambrosio）是用铝材制造自行车的先驱。他们是第一家，在相当一段时期内也是唯一一家制造铝制车把和竖管的意大利公司。

因为铝比钢更有柔韧性，所以有人认为在自行车上用铝材可以帮助缓冲路面的冲击力。第一辆应用铝材的自行车早在1935年就面世了，但人们，特别是一些专业的骑手，感觉这种金属做自行车车架不够坚固。现在，人们对碳纤维复合材料也有类似的观点，尽管近些年应用碳纤维做自行车零部件有大爆发的趋势，但很多人，特别是专业骑手，坚持在他们的赛车上用铝制的车把。

　　后果严重的车把故障，原因可以是多种多样的，从铝材的金属疲劳到碳纤维上的一道不起眼的小裂痕都有可能是起因，而这些足以让自行车骑手们夜不能寐。如果车把毫无征兆地发生断裂，如果那时你骑得慢，你可能会被竖管刺伤；而如果那时你正以每小时80公里的速度冲下阿尔卑斯山的一个山坡，你就死定了。只要想象一下你从一辆以等同速度行驶的汽车上被抛下来，你就明白我的意思了。

　　到了1963年，当奇纳力开始转向制造铝制车把时，自行车专业骑手的观点就改变了。钢制车把很快就被弃置一旁，而奇纳力的铝制车把随处可见。1A款车把竖管是1964年面世的，它很快就成了业界标准商品。它不只是质地坚固和在设计上独具匠心，外观也特别漂亮。足有10年的时间，当你看到一名公路自行车赛的专业骑手骑车时，他强劲有力的手指紧扣的很少是奇纳力车把之外的任何其他车把。60年代中期，奇纳力的公司每年销售7500个车把和竖管，到1978年奇纳力退休时，年销量已经达到15万了。尽管产量剧增,他们仍然保持着优秀的质量标准。车把和竖管以及他们制造的其他自行车零件一样供不应求。那些选择了奇纳力车把的卓然不群的冠军选手,有莱蒙德、费格农(Fignon)、希诺特、奇阿普奇(Chiapucci)、奇波利尼和阿姆斯特朗(Armstrong)……这个名单到现在仍在续写着。

哥伦布管材王朝的继承人,安东尼奥·科伦坡(Antonio Columbo)在1978年并购了奇纳力公司。此后他就同时带领着两个公司在设计和革新之路上前进着。仅仅从他们公司网站上看看目前的奇纳力产品名册,我就感觉安东尼有点偏心,而当我走进他们在米兰郊外的工厂时,我的印象得到了验证。他是骑着一辆轻型摩托车顺着过道来到我面前的,身穿一套保罗·史密斯西装,脚踏一双户外旅行鞋。

"啊,是啊是啊,这辆摩托车,"见面寒暄之后,他说,"这辆摩托车是最好的。它有CNC(计算机数控)的机械零件,但是比一辆自行车贵。所以,当然了,没人买它,除了我……哈!咱们转一圈吧?"

安东尼奥的父亲,安杰洛·路易吉(Angelo Luigi)在1919年创建了哥伦布公司,当时他的话是:"我要靠铁和钢的生意,创下公平和诚实的利润。" 在20世纪的大部分时期,哥伦布公司和雷诺斯公司一起主宰着高端钢制自行车车架市场。某段时期，他们的业务变得多元化，比如制造摩托车、滑雪杖、汽车底盘，甚至是钢管家具，但其业务核心始终是自行车竞技赛车。大概哥伦布最了不起的一项革新就是研发了尼瓦克卢姆（Nivachrome）钢的管材。这是第一个专门为制作自行车车架而研发的合金钢材。这种钢材在焊接过程中几乎不会弱化强度，因此它可以比以往任何管材更细更轻。那辆我骑着周游世界的自行车就是用尼瓦克卢姆钢做成的。当我们在一排正在吐出一根根钢管的机器前停下时，我告诉了安东尼奥这一点，他看向我的眼光中颇有些狂野的热情。

我跟你直话直说，我22岁时就开始在我父亲的工厂里工作了，当工人时最让我烦的就是噪音了。钢管从机器里拔出来，被切割、搬运然后捆在一起……当我们一年制造两百万根管子时，当意大利有150个车架工匠时，噪音、噪音、噪音，一整天尽是噪音。但在5年前，我的烦恼忽然变成了寂静。所有人都要碳管了。现在，钢又回来了一些，慢慢地回来，特别是在美国。让我高兴的是，甚至一些意大利车架匠也开始又用钢管了。一根钢管，是可以用一辈子的。好吧，碳纤维在这一点上也有竞争力，但如果你想要一个可以一辈子天天使用的车架，就得用钢的……过去我们能同时生产2万根钢管，而现在只有20根。但我们确实又造钢管了，看，我们的工人多高兴。

安东尼奥隔着一个工作台喊了一声"艾米尔瓦诺（Emilvano）"，那个人正在用一个夹具手工拗弯一个铬钼合金的后上叉。他举起一只戴着手套的手挥了一下。

"心里不高兴的工人是做不出好的自行车来的。"

安杰洛·路易吉·科伦坡是以最早将钢制前叉的叉腿做成正椭圆形截面（而不是不规则的卵圆形）而闻名的。这种"意大利式截面"提高了自行车的操作性能，骑起来更加舒服。那时这种前叉特别受欢迎。现在的哥伦布公司以其积累了半个世纪的车叉革新经验，仍然在制造一系列品质超群的碳纤维车叉——我购物单上的这项是要从米兰这里采购的。

安东尼奥领我穿过厂房来到一个区域，在这里有一些钢管、一个车架和几个碳纤维车叉正在进行测试。疲劳试验、冲击试验、静电试验、正面和侧面的强度试验——好像各种各样的测试都在进行中，制造出一种甚是古怪的杂音组合：踢克—嗒—踢克—嗒—踢克—嗒……杜咯—杜咯—杜咯……叮克—砰—叮克—砰。我知道那些车叉是中国台湾制造的。我倒真想看看对它们做疲劳试验的情况。

根据布兰·罗克的推荐，我在找一款哥伦布公司的"雕刻"（Carve）款前叉。这种车叉是硬壳一体式技术制造的。这是一种构造技术，即用一个结构的外壳而不是内在框架做支撑来负重。20世纪80年代它首先被用于碳纤维自行车车架的生产之中，现在已经很普遍了。车叉的转向柱管（就是要插到头管中的那一部分）和两侧的叉腿是一体的，由一层又一层的碳纤维垒在一起制成。"雕刻"款有一个传统的造型（用布兰的话说，就是"噢，它看起来很神奇"），用铝锻造出的突出部和一个45毫米的位斜量（rake）。

自行车控制和操纵的灵活程度很大程度上是由一个叫"随迹"（trail）的量决定的。如果画一道假想的线（"转轴"[steering axis]），从自行车头管的中心向下，它与地面的接触点会位于车轮与地面垂直接触点的前面——这两点之间的水平距离就叫作随迹（这么叫是因为车轮总是"追随"着转轴）。较大或较长的随迹使车比较稳定，但相对来说转向较迟缓；较短的随迹减少了车的稳定性，但增加了操纵的灵活性。同样的原理也适用于摩托车。为市区短途环形赛（围绕市中心的公路赛）特别制造的比赛用自行车，有较短的随迹，这是为了帮助增加操纵的灵活性。舒适性在这里不是一个考虑因素。

前叉位移量（fork rake），也叫"偏移量"（offset），是转轴和车轮中心之间的垂直距离——所以这个数值也是衡量叉腿向前弯转的程度的。同头管的角度和车轮直径一样，这也是一个决定随迹大小的变量。当头管角度和车轮直径是固定值的时候，前叉位移量越大，随迹越小，反之亦然。前叉的位移量也会影响舒适程度：旅行自行车一般有较大的前叉位移量，与较长的轴距（车轮花鼓间的距离）相结合，就能减缓路面冲击。

前叉位移和头管角度对于自行车来讲还有另一个设计功

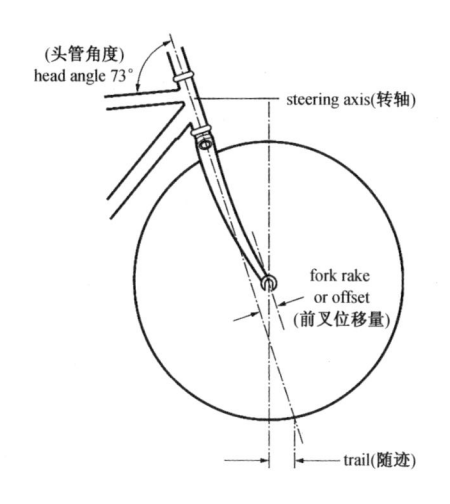

自行车车架几何图示意图

能——确保踏板向前蹬时前轮不会影响双脚动作。早期的安全型自行车，头管和前叉间角度很小。那个最初想到使自行车有一个倾斜转轴的人，尽管历史很不幸地没有给予他应有的荣誉，但我相信这一改动最初更可能是由于车轮撞脚的事实，而不会是出于对稳定性的理解。

像女士们的裙摆一样，前叉的位移量在过去的一个世纪中也是上上下下地变了很多遍的。从30年代到50年代，自行车一般有大到90毫米的前叉位移量（常常是零随迹）——主要是因为路况太差,骑手需要自行车有较大的位移量和较长的轴距来缓冲路面的颠簸。路况改善之后,人们所制造的自行车开始有较短的轴距和较窄的轮胎,这样就有必要增加随迹来确保自行车操纵的安全性。现在,自行车的前叉一般有更小的位移量(平均45毫米),普遍来说车子操纵起来也更灵活。

安东尼奥孜孜不倦地致力使哥伦布和奇纳力公司内部的革新动力保持着活力。他曾写道,自行车是一项"无尽的工程"。事实上,他本人正是创新精神的一个象征性人物,也正是这种创新精神在20世纪中叶使意大利而不是英国成为自行车业的前锋。奇纳力、康帕纽罗(Campagnolo)、比安奇、皮纳瑞罗(Pinarello)、德罗萨(De Rosa)、哥伦布、赛勒意大利(Selle Italia)、TTT、安布罗西奥、梅花(Colnago)、马济斯托尼(Magistroni)、维里埃尔·特里埃斯蒂纳(Wilier Triestina)……所有这些商标,都既是基于人们对自行车的热爱,同时又是二战后经济繁荣发展的产物,正是它们帮助自行车从一种实用工具发展成为一件寄托着人们愿望并具备审美价值的物品。

意大利的自行车工业痴迷地专注于运动和速度。40年代末,整个国家都沉醉于两位意大利自行车竞技赛巨星吉诺·巴塔利(Gino Bartali)和冯斯托·科比(Fausto Coppi)的伟大对决之中。1948年,自行车运动甚至影响了政治:由于一位重要的共产主义政治家被暗杀，国家陷入了内乱的危险，当时的意大利总理在环法自行车赛进行之时给巴塔利打了电话，请求他务必取胜。他的想法是巴塔利的胜利可能会将国民的注意力从政治革命转移开来。巴塔利确实适时地取得了胜利，内乱的威胁也确实解除了。

50年代，英国的自行车风尚仍然弥漫着实用主义和田园风味。和欧洲大陆相比，英国的公路自行车赛是极为落后的，这也说明了为什么没有几个英国骑手在环法自行车赛上表现特别出色。自行车是在平常的日子用来上下班，周末时带着一瓶蒲公英牛蒡啤酒去青年旅舍用的。自行车竞技运动则被维多利亚时代规矩制定者定下的条条框框束缚着。那时的公路赛主要是计时赛，比赛规范还是19世纪90年代一个酷爱计时的、名叫弗莱德里克·托马斯·比得雷克（Frederick Thomas Bidlake）的人制定的。它的规则是这样的：参加比赛的竞争者按照一定的时间间隔鱼贯出发，独自沿着一条风吹雨打的A级公路来回骑行，分别计时最后所用时间。这简直比草地滚球还无聊。在欧洲大陆，则更流行集体同时出发的自行车赛。这样的比赛过程包括了突破与冲刺、追逐与碰撞、煎熬与互助、战术与结盟、合作与竞争、自信与荣誉等方方面面。集体出发的公路自行车赛，是由许多不成文的集体规范来支撑的，这就实在太复杂了，即使贵为维多利亚时代的英国人也难以胜任把它们编撰成规则手册的任务。正如法语中对自行车赛所言——"去比赛就是与死

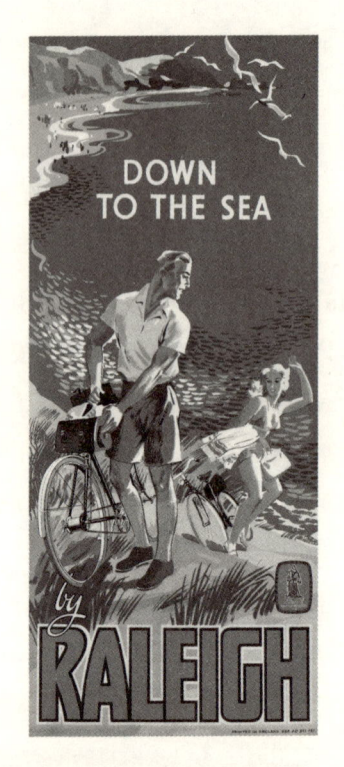

罗利宣传广告：直达海滨

神更靠近一点点。"

比得雷克自己也是名自行车骑手，后来成了英国自行车运动的核心管理者，他将欧洲大陆集体出发的自行车赛称为"多余的累赘"。也许他这种过于坚决的抵制，正是自行车赛在英国从来就没有生根的根源。计时赛是将公路用于运动而又不会太引人注意的方法。

那些闪闪发光的、极轻便的、富有创新精神的自行车零件，那些时尚的骑行服饰，还有那些来自意大利的像电影明星一样潇洒漂亮的自行车骑手，所有这些在战后的英国都像强光一样炫目。甚至意大利人为自行车漆上的这些颜色都让英国的小农们惊羡不已——珠光白、艳黄、亮粉，还有据说是堪比意大利皇后眼睛颜色的比安奇的"天际蔚蓝"。

英国人认为他们是拥有自行车的。从1870年詹姆斯·斯塔利（James Starley）为他金属轮轴的艾利尔（Ariel）自行车取得专利的那一天开始，一直到20世纪50年代（1955年英国自行车产量是350万辆），英国确实可以说拥有自行车。但是你不可能永远拥有这个人类历史上最受欢迎的交通工具，而且从20世纪50年代末开始，汽车拥有量的不断增长也意味着英国人对自行车的文化观念发生了变化。它不再是基本的交通工具了。自行车这个概念开始有了新的意义：它可以是个玩具，像在美国的大多数情况一样；或是用来达到某种愿望的工具，就像对于欧洲大陆那些疯狂热爱自行车比赛的人而言一样。

当我拿这个问题来问安东尼奥时，他回答说："为什么不能二者兼而得之呢？有些自行车你是用来骑的，而有些自行车你是挂在屋里的墙上当艺术品看的，不是吗？埃里克·克莱普顿[1]就是这么做的。"

我们已经来到厂房的远端。在某个车间,机械师们正在组装奇纳力牌自行车,然后它们就可以装箱发运到全世界了。安东尼奥开始从头顶的挂钩上一样样地取下车架,从旁边的工作台上拿起一个个的零件。他拿起一个"维戈雷利"(Vigorelli)场地赛车车架说:"这名字是纪念米兰那个伟大的环形赛馆,被称为'神奇椭圆'的那个[2]……这种我们现在卖得很多。"又指着一副用于公路赛车车把的"菠菜"牌(Spinaci)休息副把说:"吃菠菜长力气[3],是吧?这一种我们以前每年卖50万副,直到国际自行车联盟(UCI-Union cycliste Internationale)改了规则,把这禁用了。"他再拿起一个带薄荷香味的水瓶说:"闻起来比塑料味好多了,是不是?"那里还有以电吉他命名款式的车架,有以摇滚乐队命名的自行车零件。所有的这些细节中,都折射出安东尼奥对自行车的热爱。

说起城市里固定轮自行车的情况时,他最是兴致勃勃:"那是源起于人们的车库啊,这很重要。"

---

1. 埃里克·帕特里克·克莱普顿(Eric Patrick Clapton):英国音乐人、歌手及作曲人,也是有史以来最伟大的吉他手之一。他曾经获得过格莱美奖,是20世纪最成功的音乐家之一。
2. "神奇椭圆"环形赛馆:指米兰的马斯佩斯-维戈雷利环形自行车赛馆(Velodromo Maspes-Vigorelli),建成于1935年。
3. 吃菠菜长力气:源于《大力水手》的故事,主人公喝完菠菜汤后力大无穷。前文用于款式名的Spinaci就是意大利语的"菠菜"。

这不是一个潮流，而是一种态度。以前从来没有那么多年轻人为了玩车而研究自行车的传统。他们知道某个车架制造公司的历史，可能也知道某个零件的开发过程。他们明白汽车已经是个令人疲累的东西，而把自行车和真实的生活结合起来。他们把个性融入自行车里。而且他们也在用高质量的产品。我们应该感谢自行车信使们。他们是第一批活在自行车上的人，而且为此创造了一种简单、实效和耐用的车子。这也迫使生产商们制造越来越好的自行车，这就意味着自行车更加多样化了。自行车固定轮的运动是与自行车的再生联系在一起的，毫无疑问。

安东尼奥的话题越说越远了，他的思维在一个又一个的主意间跳跃着，竟然能把约翰·列侬[1]、理性主义建筑、文身、20世纪60年代阿姆斯特丹青年无政府主义者的社会运动、盗版音乐唱片和勒·柯布西耶（Le Corbusier）[2]等这一切串在一起讨论。我心想，要是来场革命，他准是积极地冲到街上建路障的那个。

"你知道在词语联想或类似游戏里，人们最常把什么和'自由'这个词连在一起？"然后他给出了结论，"自行车。"

---

1. 约翰·温斯顿·列侬（John Winston Ono Lennon，1940—1980）：英国歌手和词曲作者，作为披头士乐队的创始成员闻名全球。
2. 勒·柯布西耶（Le Corbusier，1887—1965）：法国建筑师、室内设计师、雕塑家、画家，是20世纪最重要的建筑师之一，也是功能主义建筑的泰斗，被称为"功能主义之父"。

我们穿过这个车间来到一张桌子前,桌上摆着十来个车把和竖管。它们之中有简单的铝制车把——1969年,艾迪·默克斯(Eddy Merckx)在比利牛斯山图尔马莱山口的那次传奇般的登顶途中,很兴奋地用他强有力的手指握着这样一个车把;还有颇具未来派风格的集成式碳纤维车把和竖管组件,看起来像是从《星球大战》中卢克·天行者(Luke Skywalker)的X翼战机的座舱里拆下来的。

安东尼奥说:"是奇纳力品牌最开始做一体式车把和竖管的。有3年时间,只有我们做这个。在用碳纤维做材料之前,所有的车把都是圆的。用铝以后,转径部分才是亮点,所有的革新都在弯转处。现在,最大的革新都在车把扁平的部位了。车把的人体工程学设计已经发生了显著的变化,因为碳纤维是可以铸型的。"他手里拿着的是一根非一体式的拉姆(Ram)车把,当他的手在顶端宽而平坦的部位移动时,手指上的戒指和碳纤维面接触发出沉闷的撞击声。我说,那地方宽得简直放下一杯琴通宁[1]都不会翻倒。

他说:"谁说不是呢?这里可以放一杯鸡尾酒,这里你的手指可以自然地绕过来……这里是放拇指的地方……你握住把套时,这里有个地方正好放这个手指;还有这里,这个地方正好适合手掌。即使是你骑上一整天,也是很舒服的。来摸摸,

---

1. 琴通宁(Gin and Tonic):又译作金汤力,是一种经典鸡尾酒。

感觉一下。"

它的重量像一支钢笔。质地摸起来感觉很昂贵，而且本能上莫名地就感觉很舒服。有很多年我都被骑车时双手僵麻的问题困扰着。这是骑车的人普遍会遇到的麻烦，常被称作"自行车麻痹"。骑山路和很长的下坡时，这问题最严重。我第一次骑山地车去巴基斯坦时，沿着一条粗糙碎石铺就的吉普车道从商都山口（海拔3800米）向下，骑的是一辆装着硬前叉的自行车。从高原下来最开始的一段路，12公里高度下降了1500米。一开始我两手都麻木了，这对我倒是经常的事，警钟真正开始敲响时我忽然发现两只胳膊从肘部以下全都没了知觉，我都没法捏车闸来刹车了。当我抬起一只手想抖抖它让血流回来一部分时，就从车上摔了下去。一直到第二天早晨，我都还没能把嵌进膝盖和胳膊肘的沙砾拣干净。

甚至即使只是在英格兰几个郡周围的公路上缓缓地骑一圈，也会让我的手麻木。我曾经试过把车把升高、把车座降低、让车座或前或后倾斜、不把车把握得太紧、把车把握得更紧些、降低轮胎压力，试用过大多数品种的凝胶手套、更厚的把套、软木的车把带、凝胶的车把带，还有练瑜伽以加强我下背部的肌肉。我甚至为此戒了烟。但是都没用。如果我骑在车上一整天，不管是公路车、通勤车还是山地车都一样，在某一个时间点，我的双手就会发麻，常常会麻上一段时间，很有可能某天晚上我会在睡梦中醒来，是因为感觉到手指处血脉沉沉地跳动。

有一次我骑车时偶然遇到的一位医生告诉我,这叫腕管综合征,即手腕的正中神经被压迫后导致的疾病。也许是这样的。控制手部大部分的运动和感觉功能的正中神经位于手掌根部的中心处——在骑自行车的时候,人体的这个部位,如果不是一直,也是经常性处于压力下的。

毫无疑问,人和车最大程度的适配会帮助缓解这个问题。布兰·罗克很有信心地认为,我骑上这辆新车以后双手麻木的问题会减轻不少。将这个拉姆车把拿在手里时,我相信自己无意中找到了另一部分的解决办法。

"你的手也很小啊,"说这话时安东尼奥捏着我手腕,"那么这个车把应该适合你。看这弯转径……是圆的,但转径很浅。我们管这叫'变径概念'。它让你有更多的地方可以握,但同时……注意,这很重要——同时能更方便地触到车闸。10年之前,所有的车把都是人体工程学把了,你知道,就是弯折处有一个平展点的那种,但这迫使你只能握一个地方。然后赛车手改主意了,他们还是要圆形弯径的。"

布兰·罗克也告诉过我这个。我确实是想要一个有着传统式的圆缓的弯转和较浅转径的车把。从侧面看,这样的车把造型特别漂亮。能方便地触到车闸当然就更好了。我原来没想买一个豪华昂贵的碳纤维车把。我到米兰来是因为我想见见安东尼奥,并看看奇纳力这个品牌的发源地。我原想的是,带着一个谦卑的铝制车把离开，那种也许是奇诺本人亲手设计的老样子。但当我把这个碳制车把拿在手中，我动摇了。它摸上去是那么的精巧细腻。而且，他们确实有正适合我肩宽的这种车把——42厘米。噢，看啊，这里还有一个漂亮的竖管是120毫米的——又正是适合我的尺寸。

当然了，如果现在奇诺·奇纳力还在世而且仍然喜欢研究自行车的话，他也一定会敞开怀抱接纳碳纤维材料的。至少这个拉姆车把那浅浅的弯弧，和奇纳力在20世纪60年代大力推广的那款叫作"环意大利"的车把是很相像的，尽管他老人家要是看到上面那宽宽的饮料盘似的那部分大概是会昏过去的。

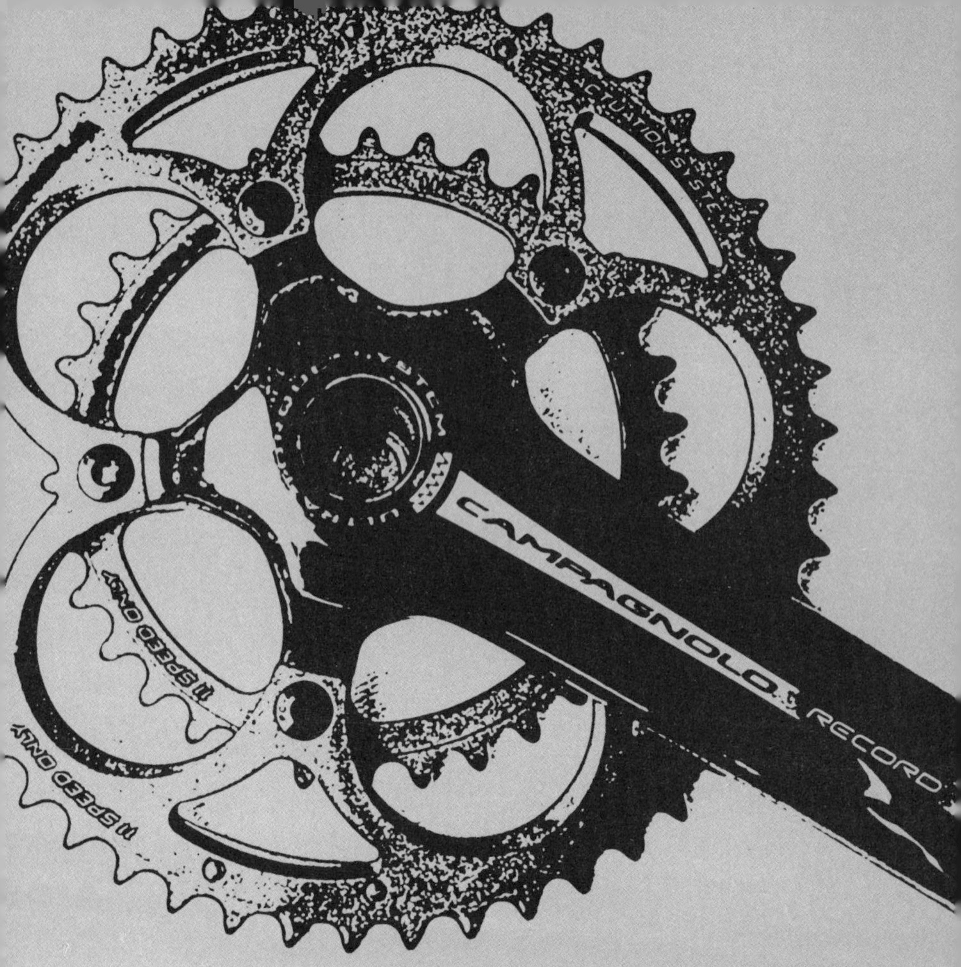
CAMPAGNOLO
RECORD
11 SPEED ONLY
11 SPEED ONLY

传动系统

链齿相扣,整装待发

那自行车滴滴、滴滴、滴滴响。

——谢默斯·希尼[1]

《警察来访》(*A Constable Calls*)

---

1. 谢默斯·希尼(Seamus Heaney, 1939—2013):爱尔兰作家、诗人。1995年诺贝尔文学奖获得者。

红其拉甫山口海拔4733米，是世界上最高的柏油路面的关隘路口之一。它在喀喇昆仑公路的最高点，而这条路是连通巴基斯坦境内印度河河谷和中国新疆塔克拉玛干沙漠的交通枢纽。我曾两次骑自行车越过它。第二次，从以前丝绸之路在罕萨山谷谷底的补给站吉尔吉特出发，我用了一个星期才到达山口——那是整整7天的骑自行车爬坡。沿途能够鼓舞士气的东西并不少：小孩子们跑到路上喊着"嗨呀！嗨呀！给我一支笔！"；居住在罕萨的伊斯玛仪穆斯林们无限的慷慨好客之情；卡车休息站售卖的鸡蛋咖喱饭和面条汤的美味，还有山上那绝美的风光。然而，你确实需要聚集起全身所有肌体和精神上的力量才能骑着一辆自行车翻越红其拉甫山口。

过了苏斯特的海关和移民检查站之后，要走210公里的不毛之地才能到中国的边检站。这是一个空旷而荒凉的地方。到山口之前的最后17公里是最陡峭的——地狱般艰难。在9月寒冷的一天，我骑着那辆满载行李的自行车挣扎向上，踩着踏板奋斗了3个小时，简直耗尽了双腿的最后一丝力气。

中午，我终于到达了山口——那是一小块窄平的空地，旁边环绕着积雪。我筋疲力尽。那是一个重要的时刻，是我3年环游世界之旅到达的海拔最高点。我独自一人站在那里，身上裹着我所有的衣服，吃着桑葚干，拍着照片。快到山顶之前，我经过了一个塔吉克牧人和一群牦牛，此外一早上我没再见到一辆车或一个人。

收拾行李时,我的目光越过山口,沿着曲折的公路望向下面将白雪皑皑的帕米尔山脉从中间分开的那座山谷。我震惊地看到一辆自行车正向上朝着我的方向骑过来。半个小时以后,一辆斜卧式双人自行车到达了山口。坐在前面的那位苏格兰姑娘莱斯莉(Leslie)是位截瘫患者,一次登山事故使得她腰部以下全部瘫痪了。她是用手来操纵自行车的曲柄的。她感觉很冷,更疲惫得几乎说不出话。他们没有在那里停留。我给他们拍了张照片,之后他们就离开了。我又独自一人站在白雪覆盖的群峰之间,而这些山峰不知怎的忽然显得不那么高大了。

从身体结构上而言,我们仍然和石器时代从事渔猎采集的人是一样的。我承认,现代社会人们的臃肿肥胖,正在冲击着这个保守了5000年而无懈可击的真理,但对人类的大多数来说,我们身体40%的组织结构仍然在下肢。对于一个不再需要徘徊于苔原之上寻找每顿晚餐的物种来说,这个比例是很高的。这就是为什么在西方世界,当手工劳动减少之后,人们转而对运动有了迷恋般的热爱;也是为什么如果现在在中国投资做健身俱乐部生意会是个好买卖。这也部分地解释了为什么自行车是人类发明的最具实效的人力交通工具之一,甚至没有之一。

在所有的人力机械中,自行车几乎是唯一一种以接近完美的方式运用我们身体中最大的肌肉——腿肌。现在,一辆标准的自行车的动力传动系统,即那几个负责把骑手的劳动传递到后轮去的零件，包括了齿盘、中轴、曲柄、带轮齿的后飞轮轴圈、踏板和车链。这是一台很高效的引擎。正是它的机械结构使自行车的轮子，和我的世界一起，转动了起来。有人认为，人类从石器时代就开始的寻求工具效率的进程，在第一辆自行车被装上动力传动系统时，便达到了一个辉煌的顶点。

直到那时，在对工具的利用上我们人类第一次得以和动物世界明显地拉开距离。尽管如此，在漫长到惊人的一段时期，我们还是没能最大化地开发我们肌肉的潜能——一直到工业革命之前我们的肌肉都是一切动力的最大来源。划（从小艇到大船）、耕、锯、挖、砍、铲、压、举……这些都是在工具的辅助下主要用手、臂和背部肌肉完成的动作。人们了解曲柄的原理并且加以利用，已经有上千年历史，主要用于泵、起重机，甚至是车床，但如何用腿来驱动曲柄，于我们而言是一个盲区。几乎所有带曲柄的机器都是用手来操作的。甚至世界上最早的潜艇之一，在南北战争时由南方邦联军控制的那艘15米长的铸铁船，都是靠一组7个人推动一个连接在螺旋桨上的铁绞盘来操作的——也是用手来推的。

丝毫不让人意外的是，装在早期自行车原型车上，世界上最早的一个动力传动系统，也是用手来推动的。1821年，萨里的马车匠刘易斯·冈珀茨（Lewis Gompertz）造了一台操纵杆上装有简单传动装置的德莱斯机——底部带齿的机械装置，与前轮花鼓上的一个小齿轮相啮合。骑车的人一拉动，操纵杆就会带动车轮（呃，只能说差不多能带动）。差不多在同一时期，一个伦敦的机械师设计了一种"三人车"，就是一辆自行车上骑三个人，每个人都要用手帮助推动，其中一人还要用脚帮助控制方向。米兰人加埃塔诺·布里安扎（Gaetano Brianza）造了一辆三轮车，骑车的人还是需要用侧面的手控杆来推动它。

到19世纪中叶，很多聪明的欧洲人都想出好主意造出了某种机械装置，用于有效地把骑行者的作用力传递到某种车型的驱动轮上去使它前进。这个名单长得令人尴尬，其中包括了伊桑巴德·金德姆·布鲁内尔[1]、迈克尔·法拉第[2]，以及摄影业的先驱尼塞福尔·涅普斯[3]。即使这样，仍然没有人意识到我们的双腿实际上比双臂更有力。当然了，那些为了制造手动曲柄驱动的两轮车和三轮车而做出的无数次的努力，最终帮助莱斯莉登上了红其拉甫山口，这是很美妙的一件事情。但对于大多数人而言，这是一个令人难以置信的技术僵局。

直到有人将一个转动的曲柄装在一台德莱斯机的前轮上

---

1. 伊桑巴德·金德姆·布鲁内尔（Isambard Kingdom Brunel, 1806—1859）：英国工程师，皇家学会会员。在2002年英国广播公司举办的"最伟大的100名英国人"评选中名列第二（仅次于温斯顿·丘吉尔）。他的贡献在于主持修建了大西部铁路、系列蒸汽轮船（包括第一艘螺旋桨驱动的横跨大西洋的大蒸汽船）和众多的重要桥梁。他革命性地推动了公共交通、现代工程等领域。
2. 迈克尔·法拉第（Michael Faraday, 1791—1867）：英国物理学家，在电磁学及电化学领域作出很多重要贡献，其中主要的贡献为提出电磁感应学说，发现电磁性（法拉第效应）现象和电解定律。
3. 尼塞福尔·涅普斯（Nicéphore Niépce, 1765—1833）：法国发明家。

而发明了脚踏车，这个进程才出现了一个伟大的飞跃。第一个这么做的人到底是谁，这个疑问至今在自行车历史研究者中仍然存在着激烈的争论。能基本肯定的是，那是一个法国人，发生在1865年左右。可能的人选包括：皮埃尔·米修（Pierre Michaux），巴黎的一名铁匠；皮埃尔·拉勒门特（Pierre Lallement），南希年轻的机械师，后来他移民去美国并于1866年成为美国首个获得这项技术专利的人；还有奥利维耶（Olivier）兄弟——马里厄斯（Marius）、艾梅（Aimé）和雷内（René），他们是里昂一个实业家的儿子，同时也是米修自行车公司的投资人。历史学家大卫·赫利希（David Herlihy）认为他们每个都起了作用。总之，不管他到底是谁，都是人类应该感激不尽的。这是一个历史性的突破，不只是对自行车，更为每个人力机械都指出了一条最大限度发挥肌肉潜能的清晰的出路。

曲柄和踏板的添加引发了第一次全球性的自行车热。1868年，脚踏车迅速从巴黎流行到整个法国，然后又扩散到比利时、荷兰、意大利、德国、美国和英国。那时的自行车是用熟铁和木头做的，它们操纵起来很困难，很沉重，效能不高，价格很贵，而且骑起来极为不舒服，所以得了个绰号叫"震骨器"，但它们至少确实是用到了人类正确的肢体。

从生理方面而言，如果我们的肌肉能以循环的方式工作，并且能以其工作时间的六倍时长来休息的话，我们就能最大限

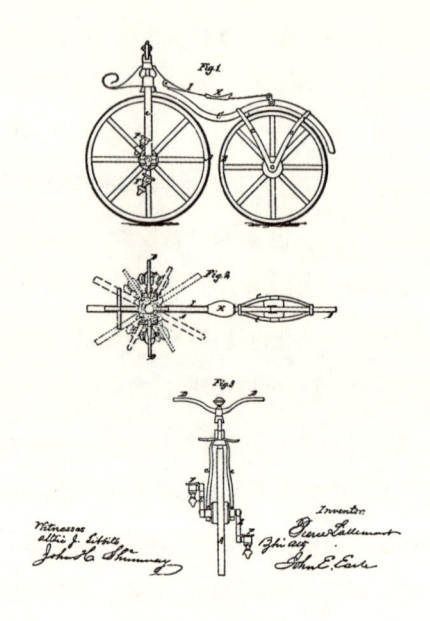

拉勒门特专利

度地发挥肌肉的效能。这与血流量有关。使用常规的踏板和曲柄骑行时，踏板每转一圈，我们的双腿只需推动踏板转一小段距离——大约60度角的距离。而在踏板转这一周的其他300度距离时，我们腿上的肌肉——屈肌和伸肌，是处于休息状态的，可以吸收携带有补充能量的血液。

所以，骑车时蹬踏板的动作几近完美地符合肌肉休息和工作的比例分配，这在某种程度上解释了为什么自行车是一个如此高效的人力车辆。当然了，米修、拉勒门特和奥利维耶兄弟这些人是不会知道这些的。这仅仅是巧合而已。人类生物学家是在自行车流行了很久之后才发现这些事实的。

1869年，脚踏车的热潮风头正健，富人聚居的巴黎郊区圣克卢（St-Cloud）举办了世界上第一场自行车比赛。结果就是，人们想要自行车跑得更快些。早期脚踏车的一个缺点是，它只有一个低速挡。当自行车在低速挡时，踏板容易转动，但你需要蹬踏得很快才能让车加速；当车在高速挡时，踏板不容易转动，但你不需要蹬踏得很快就能让车加速。

脚踏车直接驱动的机械结构意味着，踏板每转一圈，前轮也转一圈。要达到高速的一个明显的办法就是增大前轮直径。整个19世纪70年代，自行车的前轮越来越大，其上限实际上只是骑手腿内侧的长度。专业的自行车赛车手使生产出来的最大的自行车非常流行，他们骑着它达到了每小时30公里的速度。这种车前轮的直径是1.5米，也就是说，车轮的周长，或者说踏板转动一圈车轮行进的距离，是4.71米。需要提高速度时，增大车轮是一个简单而有效的解决方案。更快的速度也使得人和车之间有了一种更好的结合，或者说"速度匹配"。问题是，有着巨大前轮的车骑起来既困难又危险。事实上，前轮越来越大的同时，这辆车也就离德莱斯对机器马最初的设想越来越远——他的理想是一辆适合大众使用的实用运载机器。

工业化世界的所有机械师都明白这一点。19世纪70年代，寻找一个有效的动力传动系统的努力一波高过一波，传动杆、旋转杆、棘轮和前驱动链条等机械结构都试过了，可都没有成功。目标是要建立一个系统，它使得人们可以按照适合人体固有能力的蹬踏频率来制造动力，然后将所产生的动力从人的双脚传递到车的驱动轮，并且在传递过程中尽最大可能避免能量损失——整个系统需要安装在一辆实际情况下适合骑用的自行车上。在英国，像《机械师杂志》（*Mechanics Magazine*）和《英国机械师》（*English Mechanic*）这样的流行期刊上，经常会就这个问题找到些能供大家相互启发的主意。到19世纪70年代末，人们已经明白，需要一个机械装置，把踏板和自行车的后轮通过一根链条连接起来，而且是连接后轮而不是前轮，因为只有这样才不会影响方向的控制以及阻挠加速。这样的一个装置，如果不是绝对必要的，至少也是比较理想的。

使用链条连接后轮驱动的结构时，可以装一个相对较大的齿轮（齿盘）在前面，与之相配的是一个小得多的轮（轮盘）在后轮花鼓上，这组装置可以将踏板的转动距离成倍加大从而实现加速。它的好处就是两个车轮可以是相同的尺寸而且不必很大，这就使自行车骑起来更安全了。后来，这个传动系统又向两个方向分别发展成可以调不同挡的变速系统和单向离合的"飞轮"，前者使踏板的运动在不同的路况条件下更加有效，后者则有利于车的惰转滑行。1879年，工程师亨利·约翰·劳森（H. J. Lawson）取得了第一辆带后轮链条驱动系统自行车的发明专利。那个时候的问题是车链的质量。

  这方面的突破来自钢制滚子链的出现，这是由汉斯·瑞诺德（Hans Renold）在1880年发明和取得专利的。瑞诺德是一名瑞士工程师，后来移民来到曼彻斯特。1879年他购买了一个小型的生产纺织机械用粗链条的工厂。那家公司现在仍然以他的名字命名，但已经成为在19个国家开展业务的大型国际集团，生产工业用链条仍然是他们的主要业务。

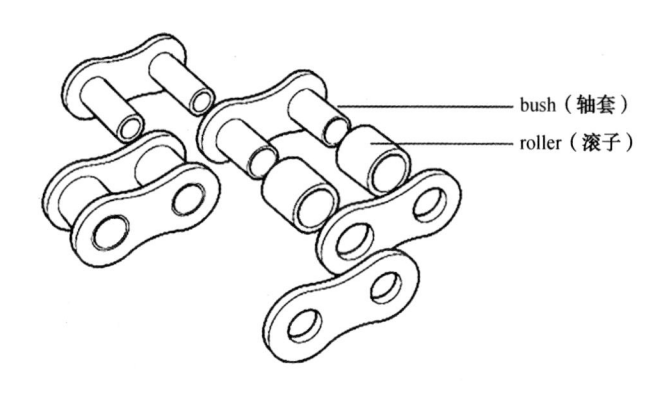

bush（轴套）
roller（滚子）

滚子链几何图

瑞诺德的滚子链，或者叫"套筒滚子"链，是由两种交互连接的链环组成的：内侧板上有两个轴套，滚子在上面转动；外侧板上有两个钉柱，可以穿过内层链条的轴套。滚动的链条使链轮和轮齿之间的啮合更加平滑，令人欣喜的效果就是减少了磨损提高了效能。最有效的能量传递方式终于被找到了。

20世纪的前50年，任何一种运输方式都依赖于滚子链。在这项发明面世130年后的今天，滚子链的理念仍然处于重要的核心地位，不仅仅是自行车产业，对于全世界多如牛毛的各种工业形式的机械传动都是如此。正如1943年当瑞诺德去世时，机械工程师学会（Institute of Mechanical Engineers）撰写的颂扬文章中所总结的："他发明的链条被应用于几乎所有工业企业或公共工程的几乎所有阶段，为我们生活的幸福作出了不引人注目但至关重要的贡献。"

向你脱帽致敬，汉斯！

除了作为链条工业之父和自行车之父之一，瑞诺德还是一个慈善的老板。1895年，他在自己曼彻斯特的工厂开办了一家企业食堂，以改善员工的不良饮食习惯。1896年，他将原来每周52小时的工作制度缩减到48小时，而不减少工资。他支持工人代表运动，让员工分享企业股份，引入了利润分成制度，并建立了汉斯·瑞诺德社会联盟（Hans Renold Social Union）。最重要的是，他尊重好工人。正如他的儿子曾说过的："他整整一生都充满着对优秀的工作品质的热爱……商业上的成功对他

瑞诺德链条广告

而言是次要的事情……这句话是对他最好的写照——'当你着手去做一件事的时候,就用你的全身心去做好它。'"

自行车制造业的先驱詹姆斯·斯塔利(他的故事在下一章

会更多提及），曾在1877年抱怨说，他不得不自己做所有的链子，所以当后来瑞诺德发明了低摩擦的套筒和滚子链之后，他马上意识到了这一技术的优点。那时他正在设计制造一台新型三轮车，就立刻委托瑞诺德来为他制作所需的车链。詹姆斯·斯塔利在1881年突然去世，他的侄子和门生约翰·肯普·斯塔利继承了他的事业，继续研究着这种用链条驱动的两轮机器。1886年，约翰·肯普·斯塔利开始生产罗孚安全型自行车，它就是链条连接后轮驱动的，也是另一项具有极长生命力的始于20世纪末期的自行车革新成就。链驱动装置也是安全型自行车和以前所有其他款式自行车的最大不同，那之后生产出来的每一辆自行车，就几乎都用滚子链条了。人们长期以来所探究的最有效的链条传动装置的最后方案，终于找到了，这也是自行车之后广为普及的基础。

链条传动系统也只是成功应用于自行车的众多技术革新中的一个，后来当世纪之交汽车工业出现之后，又照搬了这项技术。类似的还有金属丝辐条、充气轮胎、滚珠轴承、钢管和差动齿轮。这些加在一起，就保证了一辆经济实惠的汽车从一开始就是很现实的目标。很多汽车产业的先驱以前就是自行车机械师，比如亨利·福特（Henry Ford）、查尔斯（Charles）和弗兰克·杜里耶（Frank Duryea）、威廉·希尔曼（William Hillman）、威廉·克努森（William Knudsen）。

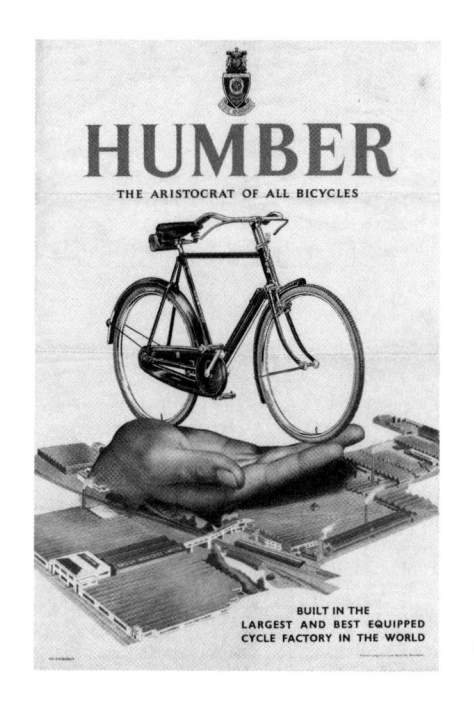

亨伯公司海报

还有许多其他人，作为新手开始打造车架、校准车轮、装配自行车。自行车公司在1900年前后变成汽车制造商的有比安奇、新格（Singer）、标致、欧宝（Opel）、莫里斯（Morris）、罗孚、希尔曼、亨伯（Humber）、温顿（Winton）和威利斯（Willys）。

19世纪90年代，市场对安全型自行车的需求在制造业历史上是史无前例的。这个产业不得不迅速进行机械化改造，开展大规模批量生产，以满足市场需求，由此而产生的产业模式也是自行车经济遗产的一部分。在美国，福特和通用汽车（General Motors）采用了规模批量生产模式，而最早开创这种产业模式的有美国的哥伦比亚自行车公司、意大利的比安奇和英国的罗利。福特还借用了名为"垂直整合"的管理方式。装配技术和强劲的广告攻势（自行车热潮正好与"插图黄金时代"同时到来，所以自行车厂商抢购的广告份额高达美国全部印刷广告的10%）更是直接照搬过来了。汽车工业也直接从自行车制造商手中接过缰绳，继续快马加鞭地致力改善路况。年度的型号变换和"有计划的淘汰"也都是自行车产业的创举，尽管通用汽车公司从一开始就一直被指责在进行"有计划的淘汰"。遍布美国的上百家自行车修理店也是日后汽车维修服务网点的基础。

重要的是，自行车将人们的心灵引向自由的长途旅行。带着这个理想走得更远的是威尔伯和和奥维尔·莱特两兄弟，他们也被称为"自行车机械师的守护神"。莱特自行车公司是一个位于俄亥俄州代顿市的销售及修理店，且有自己的工厂。他们以骑自行车时得到的平衡经验为基础，来推测一个机器飞行的可能性。他们给一辆自行车装了翼状结构，来做升力和阻力的对比试验。他们用自行车的轮齿和链条来驱动螺旋桨。他们在自行车修理生意上挣来的钱全部用于飞行器的研究、开发、建造和测试,从而制造出了莱特飞行器——世界上第一台动力飞行器。

"在这个公司,你感到有义务去预见未来,但同时你也时刻感受着历史。"康帕纽罗公司的市场部经理洛伦佐·塔克西斯(Lorenzo Taxis)是这么告诉我的。我们正坐在他们位于维琴察市工厂楼上的会议室里。好几个星期了,我试图说服他们的新闻办公室让我参观一下他们工厂,但他们一直拒绝。我只能在这里做个访谈。

康帕纽罗公司的历史是众所周知的,它也是公路赛车传奇的一部分。公司的创始人图利奥·康帕纽罗(Tullio Campagnolo)曾是一位多才多艺的业余赛车手。那一年天气极为寒冷,他参加了圣马利诺节(Feast of San marrino)期间的一个叫"胜利大奖赛"(Gran Premio Della Vittoria)的自行车赛。关于具体日期,不同的传记记载略有不同,但1927年11月11日是最有可能的日期。当图利奥骑到维琴察北面多洛米蒂山的克罗齐德奥内山口时,他是领先的。那时候,自行车赛车仍然没有变速器——这是现代大多数自行车装备的一个机械装置,可以把车链从一个带齿的链轮移到另一个,从而进行变速。"变速器"(derailleur)这个词来自法语,有一个英语化的发音,意思是"离开原来路径"或者"脱轨"。

图利奥的自行车有两个挡速,通过两个链轮装在后轮两面的花鼓上，一般有一个较高的固定齿轮用于骑平路，还有一个较低的飞轮用于爬坡。变速时，需要卸下后轮把它翻转一下，而要做到这一点，首先还要松开把车轮和车叉勾爪固定在一起的蝶形螺母。

图利奥·康帕纽罗

在山顶的冰天雪地中，图利奥用冻得麻木的手指，艰难地松开了那沉重的蝶形螺母，翻转了他的车轮。这个过程中有20多个对手从他身边超了过去，毫无疑问在他们冻麻了的嘴边还隐着一丝嘲笑。据说到达比赛终点时，图利奥说了这么一句话："这辆车的后身，我非让它变个样不可。"他是认真的。

1930年2月8日，图利奥·康帕纽罗为快拆杆申请了专利——这是一个钢制杆，装入车轮花鼓中空的轴中，它的一端装有一颗螺母，另一端有一个带凸轮的扳手起紧固作用。这个设计很简单但非常机智，而且在什么条件下都能用。你不再需要拧松螺母来拆卸车轮，而只需拉开一个扳手就行了。这个零件仍然保持着原来的基本设计样式，80年来没有改变。现在，快拆杆已经成为一个普遍应用的标准零件，几乎每一辆自行车都会用到它。每一天，全世界有成千上万的人会把它们的自行车倒过来拆卸一个车轮，为了修理爆胎或只是为了能把自行车放进汽车行李箱中。当他们的手指扣在快拆结构的扳手上时，也是在默默地向这位发明大师——图利奥·康帕纽罗——致敬。

快拆杆仅仅是这位伟人所注册的约135项发明中的第一项而已。80年之后，他创立的这家公司仍然保持着极强的革新精神，这也是我非来这间会议室不可的原因。

"我们拥有很多项专利。每天我们都在研究新产品。"洛伦佐告诉我，"公路自行车赛车承载着很多技术，很多人也对康帕纽罗满怀妒意。这些都迫使我们要保守秘密。我们是一家私人所有的公司，而瓦伦蒂诺·康帕纽罗（Valentino Campagnolo）先生不允许媒体介入公司的秘密。"

类似的话我听说过。在19世纪90年代自行车的兴盛期,当时世界上最大的自行车生产商之一,哥伦比亚自行车公司的阿尔伯特·波普(Albert Pope)就不让任何记者进入他在康涅狄格州哈特福德市的工厂,也是为了同样的原因。于是我提起了这一点。

"没错。要是你今天去的是杜卡迪(Ducatti)或是法拉利,也是一样的。"洛伦佐说。

从另一方面来说,这也给我们的市场宣传带来了困难。像康帕纽罗这样的公司,我们真应该从技术上来做品牌宣传的,应该让我们的客户知道,他们所钟爱的产品是如何制造出来的。但是我们不能这么做。对我们更重要的是革新,它已经成了公司DNA[1]的一部分了,从来都是这样。我们现在的革新重点在电子变速,在轴承技术,在进一步提纯碳纤维来降低零件的重量。我们必须要革新……为了生存。

20世纪的前30年,竞技比赛对自行车的发展几乎没有什么影响。这是一个奇怪的反常现象,在19世纪90年代那10年,然后就是从20世纪40年代开始一直到现在,自行车技术的发展、

---

1. DNA:因为每个人的DNA是不同的,故可根据DNA来鉴别身份。本文此处以DNA代指身份特征。

新产品的试验和市场宣传，都和竞技体育有着千丝万缕的联系。而在1900到1930年这30年间，对接管、铝制零件、早期变速器这些革新却是来自自行车旅行这一温馨领域。实际上，竞技体育反倒阻挠了自行车的进化发展。赛车界鄙夷所有自行车硬件上的提高，因为这在某种程度上损害了体育运动的纯洁性。他们所持的观点是，人的勇气应该战胜技术上的优势。

亨利·德斯格朗吉（Henri Desgrange）是法国一家体育日报的编辑，他提出举办环法自行车赛这个主意只是要战胜与他们竞争的另一份报纸。他想要的故事是在凶险的大山中男人的阳刚之气，在极端恶劣的天气里骑手经受的艰辛，以及人们如何经受苦难的考验和如何表现出英雄气概。他对发明这一类的小玩意儿是不感兴趣的。德斯格朗吉曾经说过："变速挡这类东西是45岁以上的人才需要的玩意。难道你宁愿靠变速器这类小花招而不是你强壮的体魄来赢得胜利吗？我们真是变得软弱了！"当法国零件公司马威克（Mavic）生产出第一个铝制轮圈时，德斯格朗吉也禁止在比赛中使用它们。他常说，完美的环法赛，就要有一个完美的冠军，如果只有这一个人坚持到最后的话。他的报纸发行量也确实因为这项赛事扶摇直上。德斯格朗吉对环法赛的影响一直持续到1937年。

在1933年注册公司和开始生产快拆杆之前，图利奥·康帕纽罗一直是在他父亲开的五金店后面的一个车间里生产自行车零件的。同一年，他还为一个原始的变速器注册了专利，那是一种连接在后上叉上的一个能滑动的花鼓和推杆装置。这个装置用了10多年慢慢地修正和改进,终于在1948年,吉诺·巴塔利在环法自行车赛的山地赛段用上了一款名为"比赛改变者"(Cambio Corsa)的变速器,并由此踏上了胜利之路。1950年,一个带扩展导链槽的四边形拨链变速器在米兰自行车展上亮相,这个装置现在看来也不觉得陌生。这是自行车面世以来出现的最复杂的一个零件,但它意味着方便简单的速轮转换忽然之间成为现实。每个人都想要一个这样的东西,但只有专业赛车手和钱包够肥的业余骑手才买得起。

50年代初期,康帕纽罗和公路自行车赛精英们之间的纽带已经紧到密不可分,因为骑手们使用图利奥的零件取得了一连串的胜利:胡戈·科布勒特(Hugo Koblet)赢得了1951年环法自行车赛;冯斯托·科比是1950年巴黎-鲁贝赛、1952年环意大利赛和环法自行车赛的冠军,再加上1953年世界公路自行车锦标赛冠军。这两人用的都是"宏伟运动"(Gran Sport)款变速器。

那时候康帕纽罗公司已经有超过100名员工,也开展了新业务,开始生产踏板、座杆、方孔曲柄组、铝制花鼓和链轮,生意极为兴隆。到了60年代,公司业务进一步多元化,有了摩托车液压式和线缆式碟刹组件、玛莎拉蒂等超级汽车用的镁制轮圈,甚至还有航天设备零件,包括美国国家航空航天局(NASA)于1969年发射的一颗卫星的机壳。

与专业骑手紧密合作，他们进行了无数的研究和开发工作，确保了图利奥提出的每一项自行车改进建议，在产品上市之前，就已经达到了无与伦比的可靠性。

图利奥·康帕纽罗在1983年去世。到那时，他身上已经堆磊了无数的赞美与荣誉，比如，他获得了意大利奥林匹克委员会（Italian Olympic Committee）颁发的金星奖（Stella d'Oro），还有意大利商界的最高荣誉——"商业杰出贡献奖"（Cavaliere del Lavoro）。他对自行车的很多方面都进行了改进，在自行车零件业创立了令人羡慕不已的声名，帮助他的国家获得了对竞技自行车的拥有权。艾迪·默克斯在他的葬礼上致辞时说："可能我讲不出完美的意大利语，但我怀着一颗意大利的心来对你说，因为你的努力，一小块标有你名字的意大利存在于这世界的每一辆自行车之上。"

此前，自行车的历史都是晦暗不清的。只是由于一个叫作"国际自行车历史学会"（International Cycling History Conference）的小团体的严谨的学术工作，才使自行车的历史清晰起来。20世纪后期之前，真实的自行车技术发展进程以及贡献了体力和脑力劳动的相关个人，这些史实因为几个工业国家对所有权的要求而被搅得混乱不清。这种极端的民族主义在第一次世界大战之前发展得最为恶劣。德国声称德莱斯男爵1817年制造的"会跑的机器"是第一辆自行车，尽管那只是自行车的一个原型；法国人则说西夫拉克（Sivrac）在1791年就发明了自行车，但那辆车连控向系统都没有；在英格兰，人们坚持说自行车事实上要从1885年的罗孚安全型算起；连苏格兰人也加进战团，他们的理由是，邓弗里斯郡的铁匠柯克帕特里克·麦克米伦（Kirkpatrick Macmillan）在比罗孚安全型出现还早40年之前就给原始两轮车加了往复运动的曲柄。大家争论不休，没法达成共识。1974年，意大利文史学家奥古斯托·马里诺尼（Augusto Marinoni）教授，像是在急转的车轮中插入一根大棒一般，在本不平静的水面又掀起轩然大波。

马里诺尼向世人展示了一幅自行车的草图，是由列奥纳多·达·芬奇画的。这幅草图是在达·芬奇画室中发现的很多图画中的一幅，这些图被集结成册，称为《大西洋古抄本》（Codex Atlanticus），它们的绘制时间是1493年。在一幅军事堡垒图的反面，在一幅漫画和一幅更奇怪的阴茎图之间，有一幅自行车的草图，这辆车有两个相似尺寸的车轮成直线排列、一个原始的控向系统、曲柄、一个车座和一根车链把链轮与后轮上的齿盘连在一起。自行车所有的基本元素图上都有了，车身的比例也惊人地接近现在的自行车。这就是达·芬奇发明了自行车的证据，而且还是一辆有着动力传动系统的自行车，这比西夫拉克、德莱斯、米修、拉勒门特、麦克米伦、斯塔利以及所有其他冒牌的发明家都早了至少300年！这是无可置疑的证据，证明了自行车是意大利人的。唯一没被这个惊天大揭秘惊得骨软心摇的，就是意大利人自己了。在内心深处，这群车迷们对此早就深信不疑！

据马里诺尼提供的资料，罗马附近格罗塔费拉塔（Grottaferrata）修道院的修士们在对达·芬奇的作品进行的一个修复项目中发现了这张图。达·芬奇画室中的很多图在16世纪末被粘贴成册，《大西洋古抄本》是其中之一。修士们小心翼翼地把那些粘在一起的页面分开，发现了很多新的图画，其中竟然涉及很多那时应该还没有被发明出来的技术。这幅自行车草图便是其中之一。1974年，当这些被修复的手稿以《鲜为人知的达·芬奇》(*The Unknown Leonardo*)之名作为学术巨著出版时，这幅画也变得世界闻名了。

达·芬奇在工程方面的设计才能是令人震惊的，他的很多设计图都比文艺复兴时期的技术提前了几个世纪。他画的草图中包括一架直升机、一个降落伞、起重设备、一辆木制的"汽车"（由弹簧牵引并且车轮上有齿轮装置）、三个炮管的大炮、一架滑翔机、一座便携式的桥梁和潜水设备等。而自行车这个曾被看作是改变世界的发明，竟然早在1493年就已经出现在了人类历史上最伟大的工程师之一那曲曲折折的大脑沟回中，这一事实让世界各地的自行车迷都兴奋不已。马里诺尼发布这一消息的时机也恰到好处。石油输出国组织（OPEC）因为美国在赎罪日战争（Yom Kippur War，即第四次中东战争）期间对以色列的支持而对美国实行石油禁运，从而引发石油危机，而1974年正是这个危机最严重的时候。自行车的销售激增，自行车迷的人数每天都在增加。这幅自行车的草图被各种报纸和自行车及工程期刊一遍又一遍地转载。在某一个时期它可能都被印在了厨房的茶巾上。很快，它就被当作自行车发展史的一部分而被大家接受了。

但这里面有一个问题——这幅图是假的！而且甚至是故意的欺诈：趁达·芬奇作品修复项目的漫长时期将它加到其他作品中，借此为意大利获取对自行车的发明权。把这个故事强加给一个轻信的世界，而且奏效了。事实上，这个伎俩实施得如此有效，甚至整整20年都没有人想到应当或有必要来调查一下这幅图的出处。德国的交通史学家汉斯-埃哈德·莱辛（Hans-Erhard Lessing）博士组织了一场小小的调查，得出的结论是这张草图是伪造的。调查发现，这甚至不是一个高明的伪造品，只是一份业余水平的涂鸦，但是画在了一张带有两个几何圆形和一些线条的草图真迹上面。我们可能永远也不会知道谁是作伪者。马里诺尼教授把它传播出来充其量不过是有些天真罢了。那么，也许是其中一个修士？

对我来说，这是最有吸引力的一个故事版本。我设想，有一天，在古老的10世纪格罗塔费拉塔圣玛利亚修道院那间神圣图书馆的那个修复实验室里，一位疯狂热爱自行车运动的修士闲得无聊了。《大西洋古抄本》中包括1119页绘图笔记，创作于1478到1519年。那些修士致力对它们的修复工作已经整整5个年头了。在那天，我们假定差不多是1972年吧，我们这位喜欢自行车的修士拿起了笔记的第133页。这是背面粘在一起的两页纸，纸是半透明的。他研究着纸上两个几何圆形的模糊轮廓，心想，这也许是两个轮子吧。他把纸页拿得离灯近些，那灯光相当微弱，几乎没法穿透中世纪图书馆的阴暗。他眯着眼睛又仔细地看了看。

"是的，是的，这一定是一对轮子。中间不会还有个架子吧？"他心里想着，"这些是零件吗？这不会是一辆自行车吧？不，等等，如果这是一辆自行车的话，那就意味着……一个奇迹。"

另一边的走廊里响起修道院长清晰的咳嗽声。我们的修士从白日梦中醒过来。小心翼翼地，他把第133页笔记后面的那页剥离开去——这方面他是有专门技术的。庞培·列欧尼（Pompeo Leoni），那个在16世纪末期得到达·芬奇作品的雕塑家，他当初把这几页粘贴在一起时做得比较仓促。在这一页上有两个圆圈和一些不知什么意思的标记。没有自行车。那失望是巨大的，几乎与3年来没有意大利人赢过环意大利赛和7年来没有意大利人赢过环法自行车赛的失望一样巨大。记住，那是在1972年，意大利车迷们情绪的最低点。所有的赛事，全是默克斯、默克斯、默克斯的天下。

有点百无聊赖，我们的修士开始随手涂画，画了几根辐条。心里想起被称作"裁缝"的伟大的车架匠法列罗·马西，

传动系统

他的工作室就在米兰维戈雷利赛车场下面,于是修士又画了个车架。然后奇诺·奇纳力的面容浮现在他面前,他又画了个车把。他只不过是填补了图中的空白而已。"当然是达·芬奇发明了自行车。"他对自己说。他现在画得快些了,并且有了明确的目标,画了曲柄、踏板和齿盘。康帕纽罗的翼形标志从他脑海中闪过。"有什么关系呢?所有人都知道自行车是意大利的。它就像圣彼得大教堂的圆顶一样是意大利的。"再来一个车座,就成了。他把这两页又照原样粘在了一起。外面响起了钟声。"啊,午餐时间到了。"他说。

"意大利人喜欢样式、颜色和造型。我们对自行车的美观非常重视,"洛伦佐·塔克西斯说,"自行车的这一部分你确实可以说是由意大利人拥有的。重视细节,是康帕纽罗风格的一部分。我们是以产品为中心的企业,我们销售的产品处在一个成熟行业的金字塔的顶端。自行车已经有很长很长时间没有变化,只有性能提高了。所有新产品的开发工作都是瓦伦蒂诺·康帕纽罗先生亲自掌控的。他相信,如果你推向市场的产品既有卓越的品质,看上去也漂亮,生意自然会越来越好。"

康帕纽罗的产品现在最知名的是他们的"组件",或者叫作套装产品,就是由一个厂家生产的一套零件,在设计制作上用来组合使用。康帕纽罗"记录"(Record)系列组件的第一款是1958年上市的。在组件出现之前,精品自行车所用的零件都

康帕纽罗"记录"系列组件

是从几家不同的制造商精挑细选出来的，比如玛法科（Mafac）的车闸、查特力（Chater-Lea）的曲柄、巴雷利（Barelli）的踏板等。在自行车骑手中有关使用组件的优缺点的议论，从1958年以来就一直没停过。赞成的人认为，零件在设计和制造上就是要配合使用的，组合使用效能最好，而且外观上看起来也统一美观；反对派的人则认为，大型的零件生产商通过推销组件，减少了消费者的选择余地，而成功地为自己占据了更大的市场份额。

在为我这辆梦想中的自行车制定计划时,一开始我是选择避免使用套装组件的。在我脑海中约略成形的那辆自行车,大概会有特纳(Tune)的链轮、特塔(Specialites TA)的曲柄、西亚米罗(Ciamillo)的车闸、强光(Stronglight)的车链和康帕纽罗的变速器。当我向布兰·罗克说起这个计划时,他身子一颤——他的身体是真的颤抖了一下,就像一个人被低电压电了一下似的。等他平复些之后,就小心翼翼地建议用组件,至少是变速器相配的套件。他认为兼容性是个很大的问题。"你没准会让自己很头疼的,罗伯。"他跟我说。而且对布兰来说更重要的,还有自行车的外观。用别的品种的花鼓和座杆还可以接受,甚至连刹车卡钳都可以用别的厂商的。但纯粹从审美上来讲,齿轮、变速器和一体式的拨链/刹车扳手这些就要专一了,绝不能乱选。布兰在其他那么多事情上都是对的,所以我决定听他的。

一旦决定了要用组件,我就很明确地知道了自己要的是什么——康帕纽罗"记录"系列。1958年的第一款"记录"组件包括牙盘、中轴、花鼓、座杆、头碗组、前后变速器和踏板。现在有了更精细的列表:车链、牙盘、卡式飞轮组、前变速器、后变速器、拨速扳手和车闸。它贵得可怕。对我而言,这是一个可怕的放纵挥霍。我还加进了自己的踏板。

"记录"这个款式名称纵贯了20世纪后50年的整个自行车

体育竞技史。这个词本身就是充满敬意的，颇有些神圣感在里面。"记录"系列组件，尽管外观和使用的材料会有不同，但总是和胜利联系在一起的，这一点是独一无二的，不仅对于自行车运动是如此，对于整个体育界而言都是如此。从1958年至今的36次环法自行车赛的胜利，从1968到1994年间26次环意大利自行车赛的胜利，这本身就说明了康帕纽罗"记录"系列零件的主导地位。

像很多人一样，我对"记录"组件已经艳羡和垂涎许久。我12岁时，附近另一个小区的一个男孩有一辆鸭蛋青色的标致赛车，上面装着一套"记录-绚丽"（Campy Record）款组件。那套组件是他爸爸淘汰下来给他的，却被那男孩吹嘘得像他自己拿命换来似的。那辆车实在是太漂亮了，光是看到它就让我嫉妒得心痛。30年之后，有时我一闭上眼睛，那辆车还能清晰地浮现在眼前——在教堂外面，水井的一侧，后面映衬着一堵石墙，那辆车上面的传动系统闪闪地发着光。

我环游世界的那辆车上装"绚丽"款是没有意义的。我那辆车上用的是禧玛诺（Shimano），因为我知道在偏僻的地方找这种替换的零件会容易得多。我等着等着，一直没有向康帕纽罗的"记录"撒出（大把）钞票，现在终于到时候了。

"圣诞快乐。"洛伦佐说着，把一个纸盒从桌子的另一端向我推过来。然后他又加了一句："这个盒子可比里面的零件重得多。"用史丹利小刀划上那么几下，盒子就打开了。每个零件都有自己的独立包装。在我把它们一件件地拆开时,洛伦佐在旁边随之介绍着:五通碗——"英国标准尺寸哦";后变速器——"这上面的技术含量可高了";曲柄组——"啊,这个可是这里面最性感的一件啦。曲柄是170毫米的,压缩齿盘[1]。这是你要的,对吧?";车闸、一体式拨链/刹车扳手、卡式飞轮组——"11速,最好的";最后是车链,我以后所有骑行之旅的动感伴奏就都靠它们啦。

这就像是收到了一盒珠宝,我被深深地震撼了。然后我才想起来这根本不是谁送给我的,这套组件是我花钱买的。于是我不禁又颤抖了一下。这个,就像我最早的骑行伙伴和我婚礼的伴郎威尔(Will)曾经说过的,是"一次经典的中年危机型购物"。

---

1. 压缩齿盘(Compact chainrings):也称 CT 盘,是指自行车连接曲柄的大盘是相对于标准齿盘较小的一种,它通常由两片齿盘组成,齿数比例为 50∶34,而一般标准盘的齿数比是 53∶39。压缩盘比标准盘蹬踏起来要轻松一些,相比之下上坡时会更轻松些。

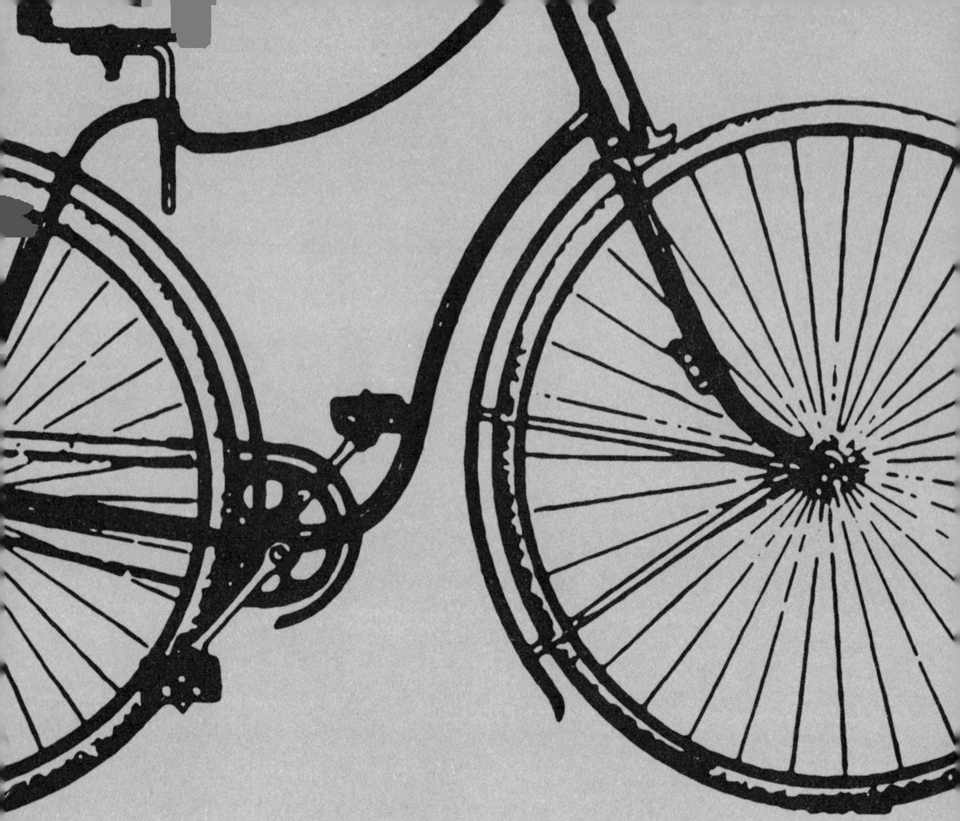

车 轮

至圆至美,如蒙神助

这两轮坐骑不劳你担忧,我这就骑
着它从你面前离开。

——班卓·帕特森[1]
《穆尔加·比尔的自行车》
(*Mulga Bill's Bicycle*)

---

1. 班卓·帕特森(Banjo Paterson,1864—1941):澳大利亚历史上最著名的诗人和作家之一。

格拉维（Gravy）个子真高，看着像棵红杉木似的。尽管他是弓着背骑在自行车上蜿蜒地穿过停车场，我还是能看出他个头的高大。"嗨，肯定是'拉伯'吧。"他冲着我说，用他那懒懒散散的加利福尼亚口音无端地在我名字里添了"拉"的音。他冲我伸出了手，那只手几乎像个网球拍那么大。然后他展颜一笑，那笑容宽阔得几乎比得上金门大桥的跨度——"欢迎来到马林郡费尔法克斯市。多谢你大老远的来一趟。还是亲自来的好啦，看看我们能不能给你弄一对格拉维轮子。"

格拉维的一切都很大，包括他的名气。从这个自行车的项目一开始，我就逢人便问："谁能做最好的定制车轮？"很多人推荐他们本地的轮匠，当然是出于本能的忠心。还有些人是毛遂自荐的。还有人举荐的竟然是他们很早以前就闹翻了的竞争对手。但当我在自行车的世界走得越深入，问的人越多，一个名字就出现得越多——格拉维。

飞到美国西海岸就为了一对定制的自行车轮，这从任何角度来看都太奢侈了。开始我想，这可不行，尽管我知道跑一趟也可以同时把这辆车的头碗组取回来。让我完全改变主意的是和格拉维的一次电话通话——"要是你能来就太棒了，伙计，"他说，"我们会给你做一对漂亮的轮子，那是肯定的了。我们还会给你安排沿着塔玛山[1]的雷派克骑下来一趟。我的店就在那，就在雷派克下面。也许查理·凯利（Charlie Kelly）和乔·布里兹（Joe Breeze）都在附近。跟查理和乔一起从雷派克骑下来你看怎么样？"他话音未落，话筒已经从我手里掉下去了。

如果你不是一个山地车迷，你就不会知道雷派克是世界上最著名的山地车道。那里是山地车的发源地。就在那里，在20世纪70年代末，一帮热爱自行车的嬉皮士小混混把美国乡下的老式自行车改装成了一种全地形自行车，这种类型的自行车将在20世纪末期的自行车历史中杀出一条弯弯曲曲的技术小径。这是在继约翰·肯普·斯塔利的罗孚安全型之后在自行车的样式上进行的最大革新。它带来的影响是巨大的，正如一位自行车史学家所写的——"山地车救了自行车业"。

1974年的石油危机使美国的自行车销量激增，是自19世纪90年代后的第一个新高峰。但到了70年代末，这个行业又开始停滞不前。大众市场上销售的十速赛车，轮胎很硬，车座更硬，不是经验特别丰富的骑手，在骑它们时简直感受不到丝毫乐趣。虽然不是有意的，但自行车确实已经远远偏离了当初斯塔利所构想的那种既实用又易用的"人类的老马"的理念。

---

1. 塔玛山（Mount Tam）：指塔玛佩斯山（Mount Tamalpais）。那里是山地车的发源地，有史以来第一次山地车越野竞赛名叫雷派克（Repack），1979 年在塔玛佩斯山的一条防火道上举办，因此之后这条防火道就叫雷派克。塔玛山可以说是山地车和山地车迷的圣地。

而有一个从马林郡的车库起步的小作坊，到1981年已经发展到成规模生产——加利福尼亚的闪电公司在日本制造了500辆"跳桩"款山地车，只用了3个星期就全部卖光了。其中的一辆如今保存在史密森尼美国历史博物馆（Smithsonian National Museum of American History）。市场上的那些大佬，一开始对这"丑陋的车"持冷落态度，现在也开始颇为关注。在美国，这标志着这个行业重新振兴的淘金潮的开始。仅仅几年时间，山地车走向了全世界。1985年，在美国销售的自行车中有5%是山地车。10年之后，这个比例变成了95%。1988年，在英国销售的220万辆自行车中有15%是山地车。到了1990年，这个比例上升到60%。1996年，山地自行车竞技成了奥林匹克的一个项目。

这种车型是能够触动人们神经的。山地车骑起来也很舒服。它引发了美国人对20世纪中叶那场自行车热潮的怀旧情绪，恰好抓住生育高峰时出生的这一代人的想象力。每个人都想要一辆这样的车，忽然间，人们又有了一种既实用又经济实惠的自行车了。

如果说雷派克是山地车的出生地，那么查理·凯利和乔·布里兹就是它的助产士。我读他们的故事足有20年了。他们本身就是传奇。能和他们一起到雷派克去骑车，这机会简直好到不能再好。我赶紧把护照找了出来。

"来吧，拉伯。到我研究室里来。我收拾一下，你在这里随便看看吧。"格拉维跟我说。所谓"研究室"就是格拉维的工作间,隐蔽在一个像洞穴似的叫"费尔法克斯自行车"(Fairfax Cyclery)的自行车店后面。墙上密密麻麻地贴满了有纪念意义的签名照片、自行车骑行服、特大号的曲柄等——所有这些都是格拉维30年自行车生涯留下来的。史蒂夫·"格拉维"·格拉文尼特斯(Steve 'Gravy' Gravenites)是在米尔谷(Mill Valley)长大的,就在费尔法克斯附近,那个时期山地车运动正处在从理念到刚刚要诞生的状态。他骑了10年的山地车,之后的10年则作为竞赛队的主要机械师,俗称"扳手",随着队伍四处奔波,用他自己的话说就是:"去探访世界上所有不为人知的滑雪场。"他为很多国际山地自行车队工作,比如雪人(Yeti)、施文和沃尔沃-佳能戴尔(Volvo-Cannondale),也为一些国家级和世界级的冠军个人服务,比如廷克·华雷斯(Tinker Juarez)、迈尔斯·罗克韦尔(Myles Rockwell),以及"火箭姑娘"吉欧芙[1]。

当格拉维端着咖啡回来时,我正把脑袋扎在他叫作"赛车箱"的旧工具箱里看呢。这个箱子已经环游世界至少十圈了,上面贴的无数不干胶小标签[2]可以证明。常用的工具在上面一

---

1. "火箭姑娘"吉欧芙(Missy 'the Missile' Giove):美国专业山地车女运动员,原名玛丽莎·吉欧芙(Melissa Giove),常被称为Missy Giove(吉欧芙姑娘),又有一个绰号叫"火箭"('the Missile')。
2. 不干胶小标签:在一些国家,有外出旅行时每到一地选取带当地地名或其他特色风物的不干胶标签贴在行李箱上或旅行随身物品上的传统。

层，重型"武器"则在下面。

能胜过格拉维高超修理技能的，只有他的轮匠技术了。"我做轮子也有30年了，其中有20年是为了赚钱。我做的轮子可能还没到1万个，不过应该也很接近这数目了。"他说。以前山地车出厂时是不带完整的轮组的，他就为整个山地车队做所有的车轮。他的理念是，车轮要根据每个骑手的体重、身高、骑行风格和骑行条件来因人而异地定制。

一辆自行车可以没有变速齿轮或车闸，那叫"场地"或"固定轮"自行车。场地赛的骑手骑这种车，城市里成群结队的骑手更爱这种车。如果把条件压到极致的话，一辆自行车甚至可以没有中轴、齿盘、车链、链轮、曲柄和踏板。把这些都去掉的话，就把一辆自行车剥离得只剩下"德莱斯机"时代最基本的部分了。

但是，如果去掉了车轮，你就没有自行车了，剩下的就只有一个木头架子或是一套管子，被焊在一起形成一个古怪的形状，对谁都半点用也没有。车轮是至关重要的。它的重要性也从自行车的英语名称"bicycle"这个词的定义和词源两方面反映了出来。《钱伯斯20世纪词典》（*Chambers Twentieth Century Dictionary*）中是这么解释它的定义的——"一种有两个轮子的交通工具，两个轮子一前一后排列，由踏板驱动。""Cycle"这个词来自希腊语单词"kyklos"，意思是"圆圈"或"轮子"。

然而这种交通"机器"一开始并不叫"bicycle"。像这样的词是慢慢发展出来的。它们不是由谁发布的，不是由发明家的手一触而出的，也不是一出现就合适的。不，不是这样，人们也不会轻易接受任何词语。在最终定型为"bicycle"之前，英语中给这东西起的名字有一长串，包括Draisine（德莱斯机）、pedestrianaccelerator（行路加速器）、dandy-horse（花花公子马）、hobby horse（玩具马）、pedestriancurricle（行路二轮车）、boneshaker（震骨器）、velocipede（脚踏车）、ordinary and high-wheeler（普通轮和高轮车）。"bicycle"这个词可能是19世纪60年代末期最早出现在法语中的，1869年第一次出现在一项英国专利文件中，1870年之后就开始在英语中使用了。正如佛兰芒小说家斯丁·斯特勒弗尔斯（Stijn Streuvels）曾写道："可曾有任何一台别的机器这么受欢迎，在这么短的时间就传播到这么大的范围，而给它取一个合适的名字却这么困难？"

当然了，每个国家都用自己的语言给它起了一个名字，而且也经历了类似的筛选过程。在荷兰，他们先是用"rijwiel""trapwiel"和"wielspeerd"，然后决定用"fiets"。法国人则从希腊语里借了一点儿，又从拉丁语里取了一点儿，把它们捏在一起就成了"velocipede"这个词，意思是"快脚"。对于这么活泼轻快的一个东西，这个词实在显得太笨拙拖拉了，所以被简切成"vélo"，这个词比正式的名字"bicyclette""bécane"和"bicloune"等更常用些。"vélo"真

前轮花鼓

是一个好词,如果我闭上眼睛,让"vvv"在我唇间颤动,我甚至真切地感受到一种慵懒,就像在一个夏日的傍晚骑着自行车悠闲地游荡的那种感觉。纯粹从听觉上来说,我也喜欢这些语言中"自行车"这个词:"rad"(德语),"rothar"(爱尔兰语),"podilato"(希腊语)。但那个最真切的词,那个被无数人使用的有生命力的词,那个被很多其他语言几乎不做改动地借用并且能被世界上绝大多数人理解的词——"bicycle",本义是"两轮"。

在自行车店橱窗里那张橘黄色的沙发上坐下，格拉维小心翼翼地接过了我带来的那对前后轮用的花鼓。这是一对莱斯牌（Royce）的花鼓，由克利夫·波尔顿（Cliff Polton）在英格兰汉普郡制造的。和我找到格拉维一样，也是莱斯的声誉把我带去那里的。布兰·罗克是第一个提到它的，他那时说莱斯的花鼓是"炸弹都炸不坏"的，然后，就像你刚学了一个新词似的，"莱斯"这个词就忽然无处不在了。在一些手工打造的车轮上，我看到花鼓表面有激光刻印的莱斯那个含蓄的"R"字标志；杂志上关于在那些消逝的日子里英国完美的工艺制作水平的文章中就提到了波尔顿；一些无意中听说我的自行车计划的人给我发邮件盛赞莱斯零件的漂亮。当妮科尔·库克还是个少年冠军时，波尔顿就给她的车做零件了。更著名的是，2000年10月，在曼彻斯特自行车馆（Manchester Velodrome），克里斯·博德曼（Chris Boardman）那辆打破了世界"运动记录"（Athlete's Hour）的车，花鼓也是他做的。这个"运动记录"，要求必须使用传统自行车，有带辐条的车轮、下沉式弧形车把和圆形管的车架，这与"绝对记录"（Absolute Hour）或"最佳人力记录"（Best Human Effort）是不同的。

莱斯的花鼓简洁漂亮。中轴是用航天级的钛材制成的，它的质量保证期是"最初那位购买者的寿命期"。铝制的花鼓外壳是计算机数控加工而成并经过昂贵的表面处理。实际上，这些花鼓看起来像珠宝一样。我知道我不用再到别处去找了。但这里还有一个障碍：当我打电话订购的时候，波尔顿跟我说所有康帕纽罗适配的32辐后飞轮组花鼓都卖光了，并且在几个星期内不会再做新的（因为他要去上一个养蜂课程），所以我去加利福尼亚之前肯定是拿不到了。他倒是有一个28辐的康帕纽罗适配后轮花鼓。我体重多少？我的自行车是打算做什么用的？"噢，这个你肯定能用。"波尔顿说。

格拉维近距离查看着我的花鼓，他的眼镜垂在鼻梁上，像个珠宝商鉴赏钻石似的——

> 我能看出轴是钛的，中等耳宽，加工的活儿做得很漂亮，很好的倒角……做了真正棒的高抛光把金属密封住了，没有孔或粗糙边缘能让它日后出现裂纹。后轮花鼓用钛做的棘轮，比铝要坚固得多，非常好。轴承感觉转得特别顺。做得真不错！这个你能用很长很长时间的，拉伯。我可是第一次用莱斯的花鼓装轮子，太棒啦！嗯，你打算给这车装什么轮胎？

轮胎我已经有了，是大陆轮胎[1]Grand Prix 4000型。几个星期前我去工厂看他们造出来的。我选择大陆轮胎就是因为它们

---

1. 大陆轮胎：德国大陆集团（Continental）的公司图标是一匹前蹄跃起的马，故其出产的轮胎也经常被称为马牌。

从来没让我失望过。骑车环游世界,在我那"玛纳南"车架上,我总是想办法装上两个大陆牌"城乡型"(Town and Country)轮胎。在极端情况下,至少也要装一个在后轮上。无论是走城市还是乡村的路,它们都是最耐用的轮胎。

德国中部那个中世纪小镇科尔巴赫几乎完全是由位于大陆街上的这家工厂支配的,正如在维多利亚时期兰开夏郡的城镇都是由磨坊左右的一样。在这里,只见一座巨大的红砖烟囱高耸云天。我到的那天早晨,一片仿佛地狱冥河一般的灰色雾霾笼罩在建筑物上。天气很冷,工厂看起来暗沉沉的。我感觉像是走进了夏洛克·福尔摩斯小说的一个场景,而且这么说也不是很过分,因为阿瑟·柯南·道尔也是一个积极的自行车骑手,在他的书中福尔摩斯曾吹嘘说能辨别出"42种不同的轮胎痕迹"。

像阳光刺破黑暗一般出现在我面前的是哈迪·博尔特斯(Hardy Bölts),他是我今天的向导。后背挺直,身量高瘦,皮肤黝黑,哈迪是证明把生命花在自行车上有利于身体健康的又一个典范。在加入大陆公司之前,哈迪是专业自行车竞技骑手,既参加公路赛也参加山地赛。他笑着,露出白亮的牙齿。我们握手后他用自己的身份卡开了门。

"你知道科尔巴赫的别名是什么吗?"他问我,接着自己回答了,"是橡胶城。你闻到那股味道了吧,加热了的胶皮味?这味道永远散不去。就像自行车车座似的,过一阵子你就习惯了。"

科尔巴赫的人们确实已经有足够长的时间习惯这味道了。大陆公司是1892年开始在科尔巴赫做自行车轮胎的，现在已经是大型国际企业，是汽车工业的最大供应商之一，在18个国家共有15万员工。它本身也是制造业的一项顶级记录——它的历史几乎贯穿了整个充气轮胎的历史。

住在贝尔法斯特的苏格兰兽医约翰·博伊德·邓洛普（John Boyd Dunlop），在1888年发明了充气轮胎。医生建议他9岁的儿子多骑自行车来锻炼身体，他认为如果能让城里粗糙的石子路不那么颠簸，这运动对健康会更有好处。

毫无疑问，那时所有骑车的人都会赞同他。以前，舒服是在骑自行车时没人能指望或追求的事。在脚踏车鼎盛时期，它的轮子是实心铁块做的，难怪它还有个别名叫"震骨器"。到1885年罗孚安全型自行车面世时，它的轮子是实心橡胶条钉在或用胶粘贴在轮圈上。这比铁轮子好多了，但即使如此，随便出去骑上一圈也仍然会把牙颠掉。

邓洛普把亚麻布套钉在他儿子三轮车的木轮子上，然后把粗制的、能充气的橡胶管塞在里面，管上装一个止回阀，然后向里面充进压缩空气。这就像在轮子上绑了个软垫子。这法子很管用。邓洛普给这种轮胎起了"pneumatic"（充气）这个名字，并为他这个主意申请了专利，然后在都柏林开始了小规模的生产。1888年12月，这种轮胎的第一则广告登在《爱尔兰骑手》（*Irish Cyclist*）上——"注意新型的充气安全型（自行

约翰·博伊德·邓洛普

车),它震不起来!"

一开始这种轮胎很贵,而且很容易穿孔爆胎。尽管滚动阻力的减小明显使自行车快了很多,但那胀鼓鼓的被称为"膀胱轮"或"布丁胎"的轮子,着实在爱尔兰引起了很多哄笑和嘲讽。1889年,一个爱尔兰记者骑着一辆充气轮胎的自行车从都柏林到了考文垂,在那里,这种自行车从来没成为笑柄过。一年之内,国内的每个竞赛骑手都用充气轮胎了。两年之后,邓洛普的工厂搬到了考文垂。又过了6年，他的生意产值达到了500万英镑。

邓洛普本人从来没有赚到太多钱。1921年他去世时，名下的财产不到1万英镑。事实上，充气轮胎也不是他最早发明的，尽管他自以为如此。另外一个爱尔兰人早在1846年就为同样的主意（用于马车车轮）在法国和美国申请了专利。尽管如此，邓洛普的充气轮胎出现在道路交通发展的关键时期，对于摩托车和汽车的面世都起了关键作用。对于自行车来说，这是完成整幅拼图的最后一个小拼块了。控向系统意味着你可以驾驭成一直线的两个轮子而保持平衡；钻石形状的车架和相同尺寸的车轮使自行车坚固耐用且骑起来安全；传动系统使它富有效能；最后，邓洛普让自行车骑起来变得很舒服。这一进步可能和安全型的面世一样重要。正是充气轮胎使自行车广泛流行。

"咱们从这开始，"哈迪·博尔特斯说，"天然橡胶。"厚厚的毯子般大张的橡胶被吞进我们头顶的滚筒中，在那里通过化学用品加热，变成绵软的黑色粥状物，就像是从威利·旺卡的巧克力工厂[1]中出来的东西。当粥状物在成排的巨大滚筒中被压扁时，它噼啪作响地喷溅着，咕咕嘟嘟地冒着泡，就像

---

1. 威利·旺卡的巧克力工厂：指1971年的电影《查理和巧克力工厂》中伟大的巧克力发明人兼制造商威利·旺卡，他拥有全世界最大的巧克力工厂——旺卡巧克力工厂。影片根据1964年罗尔德·达尔（Roald Dahl）的同名小说改编而成的。

巫婆煮的魔法汤一样。那里的噪音很大。接近滚筒时，感觉很热。戴着厚手套，胡子边缘挂着汗珠的工人们冲我们笑着打招呼。

"一天24小时，一个星期7天，一年里有358天这些机器都在转——只有8月的一个星期，所有东西会停下来休息一下。"哈迪说。

在生产线的远端，好几层尼龙线从线轴上卷下来，被推压并黏合进热的橡胶片中——"尼龙丝越细，每英寸[1]织物线数或者说TPI的值越高，轮胎质量就越好。"哈迪告诉我。那时我们站在那里看那些制作完成的胶化轮胎胎体被收纳进工厂远端的巨大滚筒中。

感官冲击的部分结束了。来到二楼制作自行车轮胎的地方，环境就平和多了。我首先注意到的是，这里有那么多的女员工。

"高质量自行车轮胎的生产过程中，有很多步骤都是没法用机器做得很好的。"哈迪说，"很多工作既烦琐又困难，需要用到很小的零件。女性的手一般要小些……而且她们的手也更灵巧。"

生产过程中最精巧的部分就是装配轮胎本身。我看着一位女工把一条胎体材料卷成轮形，然后往里面加了两圈钢丝。机

---

[1] 英寸：英美制长度单位。1英寸 = 2.54厘米。——编者注

器再把这单层的材料折成双层，然后她加进一层防爆带，最后又加进一层胎皮。她把接口处封好，再贴上一个小标签，上面写着制作人的名字，然后把制作完成的轮胎挂在她身后的挂钩上。整个操作过程用了45秒。

哈迪说："要是你或我来试着干这个，那么所有东西会在空中乱飞的。每个轮胎都必须这么做，手工完成。之后还会一遍又一遍地检查。每个轮胎都得在你以90公里的时速从山上冲下时把你安全地带下来。"

高速行进时的"爆胎"，就是轮胎突然爆裂而且发出像射击那样的声音，这是公路车骑手最怕的事情之一。如果你在一条山路上像块石头一样垂直落下，身体就会从自行车上飞出去，这时你的命运就只有靠上帝来决定了。我经历的最惊险的一次爆胎，现在仍然时时在我脑海中重现，那是在吉尔吉斯斯坦的费尔干纳山脉。我骑着一辆载满行李的旅行自行车，从一个山口顺着砂石路下坡。一段"U"字形急转弯的路刚刚走到尽头，平直的路面在我面前展开，我把手指从车闸上松开了。全速下行时，前轮轮胎爆胎了，那是一条我在喀什的集市上买的中国造便宜轮胎。车又短暂地滑行了一下，然后车把整个弯过来，我被抛了出去。不知怎么地，车被弹到了空中，当它掉下并砸在我身上时，齿盘上的尖齿从我头的一侧铲掉了一层皮。

几小时后，我来到了路边的一个小农场，那是我整整一天里看到的第一所房子。凝结了的血掺着土盖住了我的一边脸。

上衣也被撕破了,我那时的形象一定像是笼斗的角斗士和苦行僧的混合物。我把自行车靠放在大门口,顺着路向房子走过去。妇女和孩子们尖叫着逃开。那农场的主人是个膀圆胸阔的吉尔吉斯男人,有着蒙古人一样壮实的身板。他从暗处现身,绷得紧紧的胳膊的尽头,擎着一把手枪。我试着说了几个俄语词,他没有回答。接着他的目光越过我投向大门口,落在了我的自行车上。他持枪的胳膊慢慢放下,有着皮革般棕色皮肤的脸上绽出了灿烂的笑容。10分钟后,我吃着烤肉喝着酸奶,他的妻子在旁边用海绵擦着我头上的血。我得感谢那辆自行车拯救了我——自那之后我再也没有在我的车上装廉价轮胎了。

早期的充气轮胎必须用橡胶水粘上。19世纪80年代末,爱德华·米其林(Edouard Michelin)是法国一家苦苦支撑的橡胶厂的年轻老板。一个自行车骑手说他爆胎之后,修了内胎又把它重新粘在外胎上,为了等那补胎的胶水干不得不等上整整一夜。爱德华听了很震惊。不久之后,爱德华发明了一种可拆卸式轮胎——"易换型"。现在,任何一个骑手都可以在轮胎破洞后不用胶水而修好它,用时在15分钟之内。

爱德华的哥哥安德烈很有市场宣传头脑。1891年9月,他在巴黎邀请法国专业自行车骑手查尔斯·特伦特(Charles Terront,下章还会提到他)参加了一场午餐酒会,成功地让这位著名骑手签了一份合同,将在巴黎-布雷斯特-巴黎(Paris - Brest - Paris)公路赛中使用米其林专利技术的易换轮胎。特伦特赢了，比第二名领先了8个小时。在香榭丽舍大街的终点处，安德烈在1万名前来观看的车迷中走来走去，递去一份份宣传单，上面写着——"我们有充分的理由相信，热爱自行车的公众会这样评价我们的轮胎：'是一个进步吗？——不，是一次革命！'"

事实上，邓洛普的发明才是一次革命，但这种易换型轮胎很快就发展成了"开口胎"[1]——这是现在我们大多数人自行车上用的轮胎。大陆集团的那位女工加进我轮胎里的那两圈钢丝的胎唇，已经成为轮胎的标准组件。像邓洛普一样，米其林也成了与居家常用品相关的名字。

值得一提的是，那种内胎需要粘在外胎上的管胎到现在仍在使用，主要是专业的场地自行车或公路自行车骑手用它们。当然了，专业运动员总有一组机械师帮他们做这些不好干的活儿，比如弄胶水补胎等。管胎在震动缓冲和路感方面稍好一些。"用这种胎能稍稍快一点儿。"哈迪说。他肯定知道，他参加环法自行车赛和环西班牙自行车赛时用的就是大陆牌的管胎。

我们看一位女工用缝纫机来完成管胎的制作过程。她小心地将内胎管缝在织网和橡胶混合而成的胎体内侧，然后给它充气，通过肉眼观察检查后把完成的轮胎挂在身后的挂钩上。这

---

1. 开口胎（clincher），也称为紧嵌式轮胎或钳入式轮胎，俗称开口胎。

同样是通过高度精密的手工劳动完成的。"这部分生产规模很小,但很重要。我们要让专业骑手们满意。也许这个轮胎会用在马克·卡文迪什(Mark Cavendish)的自行车上呢。"哈迪说。

生产我的开口胎的最后步骤是进行硫化,这是美国人查尔斯·固特异(Charles Goodyear)在1843年发明的技术。天然橡胶很黏,温度高时会变形,温度低时又会变脆。把它和硫黄一起加热后,橡胶会变得耐用、有弹性而且性质稳定,因此才具有了防水和防寒的特性。如果没有发明橡胶硫化,我们可能仍然骑着铁质轮胎的自行车呢。

"看那对生胎——它们就是你的,罗伯,它们正在入炉呢。现在它们还没有成形,你可以用手撕开胎皮和胎体。但在那机器里待上3分钟,160℃的温度,硫化过程就结束了,这样轮胎就变得牢不可破啦。"哈迪说。

在我们面前是两排共60台机器,每台机器里放一个轮胎。它们被陆续地开开关关,相继喷着蒸汽。每台机器里都有一个适合不同胎皮类型的凹形模具。3个人在这两排机器间来来回回走动,不停地把生胎喂进机器,把硫化完成的轮胎拉出来。其中一个人对我点了点头。我们走到他面前。他用德语跟哈迪说了些什么,然后递给我一副工业手套。"好了,"哈迪说,"随时准备把你的两个轮胎从炉子里拿出来吧。它们会冒着热气,但已一切就绪,可以装在车上骑了。"

格拉维把花鼓放在我们之间的沙发上，然后打开了一个纸箱子。两个花鼓都是28孔的，所以两个轮子都要有28根辐条。所有的事情都有它一定的平衡性——当一个轮子有更多的辐条时，它就更坚固；但同时更多的辐条也意味着更多的重量和更大的空气阻力。所以重要的是要取得一种平衡。格拉维解释说，保守的做法，用32根辐条的后轮确实是最适合我也是最可靠的选择，但因为我的体重只有75公斤，可以通过选择合适的轮圈和辐条，以补偿因辐条数减少而降低的强度。

第一步是选择轮圈。很显然我没法选那些最轻的轮圈。反正我也没打算选最轻的。我到加利福尼亚来不是为了得到一对超轻的只用于特别竞赛日的车轮，我来是为了要一对日常骑用的车轮。我关心得更多的是强度，而不是重量。

尽管如此，如果自行车有一个零件是你实在不想要不必要的重量的话，那就肯定是车轮了。因为车轮加速时是既要做圆周运动又要前行的，所以要计算加速度时，旋转部分的重量是要加倍的。比如，如果一辆10公斤重的自行车，有6千克是固定部位的质量，4千克是旋转部位的质量，那么加速时叠加重量为14公斤。这也部分地解释了为什么高质量的轮圈都是用轻质材料如铝或碳纤维制成的，而不是钢。这也是轮圈、辐条和花鼓的质量对公路竞赛自行车性能的影响要比其他零件大的原因。

"我推荐你用DT瑞士（DT Swiss）的轮圈。DT瑞士在这一行的历史可是很长了,我知道历史这东西总能让你们英国人觉得心里热乎乎的。"格拉维说。

啊,又是一张舒舒服服的历史之毯!DT瑞士从1634年就开始在比尔市郊外河边的一家厂房里做线了。这些线被用来为法军的士兵做衬衫。比尔这个城市也是钟表业的发源地,这里向来以制造精细的小零件和极特殊的工具及机械而闻名。这种世系传统确实让我觉得……没错,热乎乎的。

这种型号为RR 1.2的轮圈重量是0.5公斤左右。它们是铝制的,但看起来很坚固。辐床做了加固,并且,格拉维解释说,整个轮圈还喷了直升机旋翼涂料,这也保证了它的使用寿命更长。

当然了,任何轮圈的重量和强度都与整个组件结构相关联的。换句话说,即使你买了世界上最昂贵的轮圈,但如果车轮整体装配得不好,对你仍然一无益处。说到颜色,备选的是黑色或银色,这对我来说是不用费脑子的事——黑色漆有了划痕,一个新的轮圈就会看起来很旧;而如果银色漆有了划痕,下面还是银色的。

自行车的时尚达人是不会选RR 1.2这个款型的。那些对自行车每个零件的重量都计较到分分厘厘、"重量至上"型骑手,更不会对它嫉妒得流泪。但正如格拉维再三向我保证的,这样的轮子能用很长、很长时间。

在格拉维和我说话的这段时间里,店里时不时地有人进进出出。有的人来是跟生意有关，而另一些人只是进来聊天的。伴着店里放着的雷鬼音乐，他们和店里某一个机械师聊着，聊自行车零件、骑行路线，或是当天晚上街对面的音乐演出。气氛闲散得就像是在安提瓜的一个沙滩酒吧里一样，这很好地反映了费尔法克斯存在着怎样亲密、友善的自行车社区环境。

前一天晚上，我在费尔法克斯随便转了转。这是一个有7000人口的小城，20世纪70年代，范·莫里森[1]曾经在这里住过。我看着所有那些微笑着的自行车骑手从周围长满松树的山坡下来，结束了傍晚的骑行后纷纷到市中心去。我在博利纳斯公园的农产品市场吃了越南餐，同时听一位街头艺人演奏经典吉他曲。我在有机品超市喝了一杯冰果饮，又在百老汇路19号喝了一杯啤酒，同时听着蓝调音乐演出。在佩里银元酒吧（Peri's Silver Dollar Bar），舞池里挤满了随着摇摆舞乐曲欢舞的人。酒吧的经理把我领进了女厕所——那里简直是一座纪念猫王的圣殿。"你得见见把这里布置成这样的那个人，对不对？"他说，"他叫鲁迪·康特拉第（Rudy Contratti）。他家你一找就能找到，就是屋子外面的围栏是拿旧滑雪板做的，还有一条14英尺的蓝枪鱼扎在房子上的那个。"

---

1. 范·莫里森（Van Morrison，1945—）：指乔治·伊万·"范"·莫里森爵士（Sir George Ivan "Van" Morrison），北爱尔兰唱作人和乐手，获得过6项格莱美奖，以及全英音乐奖杰出贡献奖。1993年，莫里森入选摇滚名人堂，成为第一位没有出席典礼的获选者。他还进入了作曲者名人堂。1996年，莫里森因其对音乐的贡献被授予OBE勋衔，同年被法国政府授予法兰西艺术与文学勋章，2015年获颁授爵士勋衔。

于是我就不请自来地到了鲁迪家,是从那条14英尺的蓝枪鱼的身子下面走进去的。我们一起喝了啤酒(鲁迪问我:"我喝凉的,拉伯,你能行吗?"),还看了他的自行车收藏——那些全是20世纪30到50年代装饰艺术风格的自行车,已经全部按原样修复,数量之多简直可以成舰队编制了。这些自行车都是博物馆藏品级别的。整个屋子里散发着一股甜甜的大麻味。我觉得费尔法克斯可能是我到过的城镇里最古怪的一个了。在这里,随处可见大帽子和文身;这里的人健康又友好,他们能直视你的眼睛,脸上挂着自然而纯朴的笑容;在这里,好像紫色的裤子从来不会过时。我问鲁迪是不是费尔法克斯的人都很开心。"咱们这么说吧,"他说,"并不是这里没有人在伯尼·麦道夫的'庞氏骗局'[1]里赔过钱,这里的每个人都骑自行车。"

"每个人都骑自行车是肯定的啦,"格拉维也说,"我从来就没有汽车。"在马林县,如果有一公里铺好的路面,相应的就会有30公里的土路。每天都会有六七组人从费尔法克斯骑车出去,你可以随便加入其中任何一组一起骑。小时候,格拉

---

1. 伯尼·麦道夫的"庞氏骗局"(Bernie Madoff Ponzi):伯尼·麦道夫指伯纳德·麦道夫(Bernard L. Madoff),美国金融界著名经纪,纳斯达克前主席,因涉嫌进行一项规模达500亿美元的"庞氏骗局"而被美国联邦调查局逮捕并被起诉接受调查。美国媒体报道称,这可能是美国历史上最大的诈骗案之一。"庞氏骗局",也称"庞兹骗局",是一种最古老和最常见的投资诈骗,因一个名叫查尔斯·庞兹的投机商人"发明"而得名的。用一句话来揭示"庞氏骗局",就是"拆东墙补西墙"或"借钱还钱"。

维就骑着车在塔玛佩斯山到处跑，70年代中期他就是这样遇到那些催生了山地车的人的。

"我是第一个跟这些大哥大在一起混的毛头小子。那时他们都穿伐木靴、牛仔裤，骑起车来都侧着身一边倒，而且骑得飞快。"他跟我说，"你知道，他们都有这种痴迷态度，特别投入，那是很有感染力的。我就被带进去了。"

格拉维生活的另一面也是一样的有传奇色彩。他父亲就是尼克·格拉文尼特斯（Nick Gravenites），蓝调音乐的传奇人物，约翰·贝鲁西（John Belushi）在电影《蓝调兄弟》[1]里演的那个角色就是以他为原型的。而他母亲则是詹尼斯·乔普林[2]的室友和舞台服装设计师。还是婴儿时，格拉维就住在旧金山海特街感恩至死乐队[3]楼上的一个公寓里，那地方正是给全世界带来了反文化潮流冲击的嬉皮运动的绝对中心。我问了他是怎么

---

1. 《蓝调兄弟》(The Blues Brothers)：中文也译为《福禄双霸天》，是1980年的美国音乐喜剧片，由约翰·兰迪斯执导，喜剧演员丹·艾克洛德及约翰·贝鲁西等主演。电影内容改编自电视综艺节目《周末夜现场》中的音乐闹剧桥段，描述两兄弟为组织蓝调与黑人灵魂音乐乐团到处奔波筹备经费与找寻歌手成员的经历。
2. 詹尼斯·乔普林（Janis Joplin, 1943—1970）：美国歌手、音乐家、画家和舞者。跻身《滚石》杂志的2004年"史上百大音乐家"第46名、2008年"史上百大歌手"第28名。1970年10月4日，在洛杉矶一家旅馆因吸食过量海洛因而过世，终年27岁。
3. 感恩至死乐队（Grateful Dead）：美国摇滚乐队，在20世纪60年代的反文化运动潮流中于旧金山湾区组建。乐队的风格独特而折衷，融合了摇滚、民谣、蓝草音乐、蓝调、雷鬼、乡村、即兴爵士、迷幻和太空摇滚等音乐元素，以大段现场即兴演奏著称。乐队及其歌迷群体常常与嬉皮士运动联系在一起。《滚石》杂志将其列为"史上最伟大的艺人"第57位。1994年，他们入选摇滚名人堂。2007年，乐队被授予了格莱美终身成就奖。

从"整夜不眠"一族转变成"康体健身"一族的。

格拉维说:"没错,可以说是自行车救了我的命。而且装配车轮也很像为吉他调弦——每一根辐条唱出的音韵都得极其完美才行。"

萨皮姆(Sapim)公司在比利时生产辐条已经超过90年了。除了几个工具,这个公司只生产辐条和用于将辐条固定在轮圈上的、有时被戏称为"乳头"的那种小辐条帽。拥有专业技术和不断创新的精神,执行严格的质量控制,走专业化道路,具有适应自行车其他部件技术发展的能力,还有一支小而忠诚的员工队伍——这些就是萨皮姆公司的特色。这些特色正好也是那些从自行车产业诞生至今的所有成功零件生产企业的共同特色。我读了很多关于萨皮姆公司的文章和报道,对它非常了解。这个公司是以质量绝佳为标志的。

约翰·布鲁内尔(Johan Bruyneel)是兰斯·阿姆斯特朗(Lance Armstrong)的知己和他以前所在车队的经理,按他的话说,萨皮姆公司的辐条在几十年来一直是全世界专业自行车竞赛选手的"主食"。布鲁内尔自己也曾是专业骑手,也许在现代体育运动界,他比任何人都更清楚,公路自行车竞赛的胜利之道在于科技上的精准。在多姿多彩的自行车骑手群中,从来是爱恨交织的。兴奋剂、勇气以及人类对抗痛苦的深度,这些都是报纸标题钟爱的内容,但事实总是——你是靠最好的自行车零件来赢的。阿姆斯特朗赢得的全部7次环法赛，用的都是萨皮姆辐条。

萨皮姆生产的辐条种类很齐全，但格拉维推荐我用的还是传统的圆径双抽不锈钢丝辐条。它们造型明快、有弹性，线型顶端表面较粗些，这样就增加了末端的强度，降低了断损的可能性。格拉维打开一个文件夹，从一个塑料包页中拿出一根辐条。在他那网球拍般的大手中，那根辐条看着像是儿童车上用的。我能看出这是一根经过两次锻压成形的"双抽"条，中间部分比两端要细些——这样的设计造型增加了辐条的弹性和强度，减少了因为金属疲劳而引起的问题。

在结构上，自行车的前轮虽然和后轮是对称的形状，但它比后轮的载重量要小得多，也不需承担太多扭转负荷。这就意味着在前轮上是可以用较轻些的辐条的。格拉维给我推荐前轮辐条是标准的"竞技"（Race）款：两端直径2毫米，中间直径降低到1.8毫米。

因为后轮所需的强度要比前轮高，格拉维建议用另一款辐条——萨皮姆"强壮"（Strong）款。这也是双抽条，但两端的直径是2.3毫米，中间直径2毫米。用在一个28辐的后轮上，它能在"感觉"和坚固耐用方面提供一种出色的平衡。而且它们也符合我对这辆自行车的整体理念——一辆用于日常骑用的车，要能经久耐用。

大多数辐条是用不锈钢做的，因为这种材料强度既高也耐腐蚀，有很好的抗疲劳性，也容易切磨成适合辐帽的光滑、强度高的线型。在很多昂贵的自行车轮上你也可能会看到钛制或造型华丽的碳纤维辐条。但是，正如椭圆形和扁平的辐条一样（它们在设计上可以减少风阻力，但在对坑扭曲力方面强度就减弱了），这些实际上只适用于那些更关心重量和性能而不在乎耐用性和价格的竞赛骑手。大多数自行车骑手都更喜欢用圆径的不锈钢双抽辐条。格拉维很明白我需要的是什么。在为我的前后轮选择不同种类的辐条这件事上，我确实极大地受益于适体定制服务。

那么现在最大的问题就是这种"强壮"款的辐条能否适配我莱斯花鼓的辐条孔了。格拉维把一根辐条拈在他的拇指和食指间，把它小心地穿过花鼓耳上的一个孔。只听"踢克"一声，它就位了。

"噢，哈，看这个，太棒啦！"他脸上又绽出另一个金门大桥般宽阔的笑容。DT瑞士的RR1.2轮圈，萨皮姆的辐条——后轮用"强壮"款，前轮用"竞技"款，标准黄铜辐帽。就这样定了。我们把手高高举起击了掌。

"我现在要进我的战壕干活去了，要造出一两个轮子来。你也该上山去了……我刚看见乔·布里兹推着一辆原版的'布里兹'（Breezer）型山地车进来了，你……会……好好……享受……一下……的。我得走啦！你要骑着原版的雷派克自行车，和原版的雷派克骑手一起去骑一趟雷派克。会有人对

190　自行车：自由之轮

着你欢呼的。你会有冒烟的、冒火的、在烈火中燃烧的车轮！耶！"

我能清晰地记得第一次骑山地车的情景。就像我第一次听索尼随身听一样，那是决定性的时刻。我顺着大学学生会后面那条陡峭的街道向下走，那是在1987年。直到另一条街口时我看见了马克，他是一个学设计的学生，我们曾一起编过一本杂志。我对那座小山很熟悉，如果骑着我那辆旧的十速赛车爬那个坡，得身体离座扭起腰拼命蹬，气喘得恨不得把肺叶深处的烟油都刮出来，小腿肚子会鼓得像鸡腿一样。尽管坡度那样陡，我却看见马克坐在车座上轻松地蹬着车，和身边步行的朋友并肩向上。两个人还一边走一边聊着天。我读到过关于山地自行车的文章，但我从来没骑过——从马林郡的山坡土路一直到布里斯托尔的乔治安大街，它们还是需要一些时间的。而第一次试骑后，我就一心想要一辆了。

发明山地车的故事，可能是整个自行车发展史中最奇妙的一章了，这个故事肯定也最不像真的。1973年左右，几个加利福尼亚的年轻人开始改装二战前的那种带低压轮胎的美国老式单速"沙滩自行车"，为的是要骑着它们沿着人行小径高速冲下山坡——只是为了好玩。

这种新的骑行风格的显著特色，就是必须骑行没有公路的野路。这种昵称为"老破烂儿"的老式自行车，不论从本身的设计还是装配的性能来说，都完全不适宜这个任务，但它们很便宜，可以拿来随便折腾。骑手们骑着它们冲来撞去，弄坏了就再买一辆。他们最喜欢用的一种型号是施文牌的"精益"（Excelsior）款。这款车有较宽松的车架几何形状、较长的前叉位移量和较高的中轴，这使它比别的款式多了一点点设计上的优势。

很快，骑手们开始对他们的老旧车型进行改装。不重要的部件都被拆掉了，而从其他各种两轮运载工具上拆下来的新零件被加了上去。轮胎变得更宽，纹路更多更粗，车架被加固，车闸被改进，有了更坚固的刹车扳手，还加上了快拆型的座杆，曲柄变得更长，牙盘变得更好，变速齿轮和用拇指拨动的变速拨链器也适时地出现了。所有这些功能和零件都是以前已经发明了的，只不过从来没人把它们装配在一起，装在同一个车架上，以在野路上飞速冲下山坡为特定目的。

积极改装老旧车的骑手最集中的地方，主要在塔玛佩斯山脚下、旧金山市北面、米尔谷一带、圣安塞尔莫和费尔法克斯，以及马林郡的几个小社区。在这里，命运使得这几个精力充沛的年轻人聚在了一起。主要参与人物也不过五六个而已，但他们起了关键的作用。他们活泼好动，好奇，有探究精神，而且极为争强好胜。这些人包括：查理·凯利，他是摇滚乐队的设备管理员，也是作家，还经常干些一般性的违规之事，在这一群人里是有领袖气质的组织者；乔·布里兹，正派的本地男孩，也是自行车公路赛骑手，他是在塔玛佩斯山上骑着车长大的，而且能利用他爸爸的五金店自己做车架；加里·费舍尔（Gary Fisher），一等一的有竞争力的公路赛车手和机械师，很有探索精神也极为胆大妄为；汤姆·瑞奇（Tom Ritchey），高中毕业后就成了成功的自行车公路赛车手和全职车架匠。这些人都没有过大学。他们共有的是对自行车的热爱。奥蒂斯·盖伊（Otis Guy）、拉里·克拉格（Larry Cragg）、温德·克拉格（Wende Cragg）和艾伦·邦兹（Alan Bonds）也和他们同属一伙，对山地车的发展也都有其影响力。就是在这一小群有探索精神的自行车骑手的手中，老旧的破烂自行车进化成了山地自行车。

这么多年来很多事实被揭露出来，说他们是一群吸毒成性的、骑自行车的嬉皮士小混混。也许正像加里·费舍尔写过的，他们曾骑着老旧破烂车去"照管北方经济作物"，或者像查理·凯利说过的，他们只是"一群不用每天都去上班的人"。但发明山地车并不像卡通片《不可思议的蓬头怪兄弟》（*The Fabulous Furry Freak Brothers*）中的一张图那么简单，它是个动态过程。

这个故事的核心就是雷派克。这是塔玛佩斯山脉中一个名叫松树山（Pine Mountain）的山丘一侧一条行人走出来的陡峭土坡，3公里多一点的长度它的落差达到了400米，平均坡度14%，它的终点处就在费尔法克斯附近。那些年轻的山地车骑手

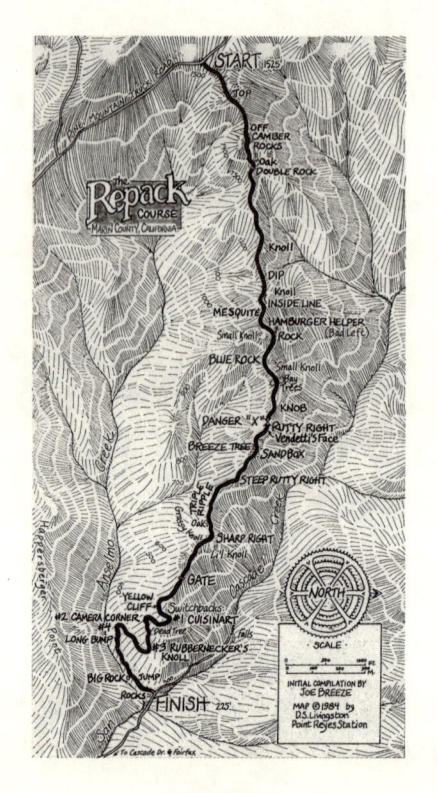

雷派克线路图

顺着这个山坡骑了一两年,每一次都为了一个永恒的问题——谁是那个该死的最快的?必须得来次比赛才行。1976年10月21日,这帮人聚在一起举行比赛。那是一场计时赛,骑手们从起点以两分钟的时间间隔出发。那一次是艾伦·邦兹赢了,他也是唯一一个没在路上摔倒的。他的狗艾利尔跑了第二。

雷派克比赛一共只举行了25次，对于这么有传奇色彩的地方来说，只办了这么少的比赛是比较奇怪的。最后一次比赛在1984年，是由查理·凯利组织宣传的。乔·布里兹赢的次数最多，这个坡道的最短时间记录保持者是加里·费舍尔。在这里参加过比赛的人不超过250人，但无论如何，无论对赛事还是对山地车的演变，雷派克都是起到了关键作用的。

正是在这里的尘土和碎石上，在那些裸露的岩石、沟壑、车辙、树根之上和巨石之畔，以平均40公里的时速，冲下坡度达到20%的陡坡，通过那一个个大回旋转弯、盲弯、之字形急弯，在骑毁了一辆又一辆自行车之后，山地车才终于完成进化。

乔·布里兹说："我们总是要把自行车弄到极致，这没什么可说的。"在一次典型的雷派克比赛中，总有五六辆自行车会出问题。骑手回到家就立刻开始对它们进行修理和改装，希望下一次能跑得更好些。对他们中的有些人来说，这修修补补的活儿就成了一辈子的工作。乔·布里兹现在经营一家公司，制造"运输"自行车；汤姆·瑞奇和加里·费舍尔两个人都用自己的名字创建了国际性的品牌。

甚至这比赛的名字"雷派克"（英文Repack，原义为"重新包装"）也是从修自行车这事得来的。"那时候，脚刹——你知道吧，就是你要靠蹬倒轮来刹车的那种——是最流行的,"查理·凯利跟我说,"带刹车的花鼓你是抹上润滑膏包好了的,因为那样它才会转得顺溜。一场比赛过后,润滑膏受热太厉害,简直要开锅了,车后面都留下一溜黑烟。你到了坡底以后,那地方还吱吱作响得很厉害,所以你得赶紧回家拿润滑膏把花鼓再重新包一下。"

那一个暖洋洋的夏末午后,我们三个人推着自行车顺着雷派克的山坡向上走。地上干得"燥裂"。我们向上走的时候,太阳明晃晃地照在被我们的靴子带起的一个个土块上。查理推的是一辆1941年款的"施文"——一个极典型的"老破烂儿"。乔用的则是一辆他自己原版的"布里兹型"自行车。1977到1978年间,他设计并亲手打造了10辆这样的车。它是用镀镍的铬钼飞机管材制成的,有钻石型车架,装菲尔·伍德"Phil Wood"花鼓、特塔(TA)曲柄组、太雅康培(Dia-Compe)吊刹[1]和小轮越野车风格的前轮轴叉。"布里兹型"是有史以来第一款专用特制的山地车。它是一个里程碑。乔自己留着一辆,其他9辆不是在私人收藏家手里就是在博物馆里。我骑的那辆车是乔在80年代末打造的。在技术上它没什么问题,但和他们俩的车相比,这辆车就没什么特色了。

"应该说和这辆比,那辆是个质的飞跃啦,"查理说着,还停下来挥手向他那辆老旧车比画了一下,"到那辆'布里兹

---

1. 吊刹(cantilever brake):也称悬臂式刹车。

雷派克宣传贴

型'少说也是质的飞跃啊。"

查理和乔身上穿的衣服估计和他们30年前穿的也差不多：靴子、李维斯牛仔裤、牛仔衬衫和帽子。乔还戴了副皮手套——这是唯一能将就看成保护品的穿戴了。

"嘿，从来没人戴头盔的。总体来看受伤的不多。很多事故啦，但受伤的真不多。我把这个弄断了。"让自行车靠在胯边，查理把两只手都举起来，就像指挥交通时拦住车流那个姿势。"右手、左手。看到这个明显的畸形没？拇指断了。就在那上面一点儿那个叫'汉堡帮手'的地方，那地方的那个转角讨厌得很。"

"出什么事啦？"我问道，"摔倒时手撞地上了？"

"那个嘛，是全身都撞地上啦！而且摔得还特别、特别重。我那时躺那一动不动待了一会儿，就是不想搞清楚到底哪断了，然后我忽然想起来，要是我不赶紧挪开的话，多半很快就会有人从我身上骑过去了。"

雷派克比赛的一个显著特征就是它的竞争性。查理那时躺在地上，可能也想起了在一次比赛之前他自己宣布的战斗规则——"要是你翻了车撞断了几根骨头，躺在那别动，等人来救你吧，但要是你躺着的地方挡了别人的好道就另当别论啦——要是你挡了道，想办法把自己挪到一边去；要是你看到有人摔在路上流着血，你应该停下来帮他——但要是你那时的成绩真正好，那就另当别论啦。"

我们向前走时，查理和乔时不时停下来，充满热情地给我讲解那一小段路怎么骑才能最快。于是我学到了骑过不同转弯处的最佳路线——"这里你得这样靠里骑，就是沿着这个顶的这个切线。"在哪里应该提车腾跃，还有在哪些地方可以把脚放踏板上不动，"偷一秒钟的懒以备下面那个转弯又得全神贯注控制你的车闸了。"尽管他们经常骑这段路已经是30年前的事了，但路上的草草木木、沟沟石石仍然时时牵动着记忆。在那段鼎盛的日子里,乔曾经做过一张路线图,查理有一次每隔50英尺就拍张照片,说是作为备忘录,以便"有时候,你可以完全沉进去"。

我们没完全走到路的顶点也就是雷派克比赛起点的地方,因为查理已经建议我们掉头开始向下冲,而对他这样的人你是从来也不会说"不"的。乔已经50多岁,是身康体健的典范,他早就迫不及待地要向下冲了。实际上他已经开始用靴子一下一下地撩着地上的土,就像一头西班牙斗牛临战前的跃跃欲试。只见他把手套迅速地拉了一下,又深深地吸了口气,就绝尘而去了。

查理出发前可什么仪式也没有,只把他踏在地上的那只穿着靴子的大脚往起一抬,就飞驰而去。当他们两人的身影急坠而下,迅速地从我的视线中消失不见后,我还能听到那粗厚的轮胎发出的咆哮,那是胎面为了随时抓住山体而拼命挣扎着发出的吼叫。我深深地吸了口气,让那清新灿然的空气充满我的肺腑。我顺着坡道向下望去,视线越过越橘树丛和毒漆树,也越过前面的山谷而望向对面长满小榭树的山坡,以及它后面塔玛佩斯山高高的山峰(海拔784米)。我试着在脑海中展望这幅远景——"雷派克之巅,2009年8月。准备燃烧吧。"

我拥有山地车也有20多年了。那些我辛辛苦苦爬上去再乒乒乓乓冲下来的山丘或山脉也有一长串,包括布雷肯比肯斯山

（那是我开始骑山地车和现在住的地方）、门迪普丘陵、格兰屏山、麦吉利卡迪山、喀喇昆仑山、兴都库什山、阿尔卑斯山、多洛米蒂山、雪墩山、喀斯喀特山脉、卓越山、大分水岭、巴里桑山脉、西高止山、科佩特山、天山、帕米尔高原、扎格罗斯山脉、利班山、喜马拉雅山、狄那里克阿尔卑斯山和北哈里斯的一些山丘。

有一次，在一次世界杯赛之前，我被一家报纸派去苏格兰，要写一篇关于本尼维斯山一侧一条山地车坡道的特写。被派来陪同我的是斯图·汤姆森（Stu Thomson），一位22岁的全国冠军。在我们轻松地向上走的时候，汤姆森向我描述了他陪同的上一位记者（来自一家竞争对手的报社）是如何在第一个拐弯处就从车上摔了下来，然后就再也不肯上车接着骑了。他问我，是不是每个记者都这么懦弱啊？出于职业上的争强好胜，我向他列举了自己曾骑车征服过的那些大大小小的山。

我自己，同样地也在第一个拐弯处摔下来了。有一瞬间，我心里正想着"真是神奇啊"。我能一直看到几英里之外的峡谷，视线能越过艾尔湖边斜斜的指状山峦一直看到大西洋畔。正想着，我的尾骨就重重地摔在地上的一块石头上了。在又不得不两次亲吻了苏格兰大地上的花岗岩之后，我终于追上汤姆森。那时候我疼得龇牙咧嘴，由于肝火旺盛而脸红脖子粗，浑身上下都疼得分不清哪儿是哪儿了，双手麻木，心惊胆战之余觉得自己马上就要吐出来了。"你拉刹车了，"他冲着我说，

"你不应该拉刹车啊,心里不能犹豫。"

查理和乔早就不见踪影。山里静悄悄的。这时我丝毫不犹豫。我把车头对准下坡的小径,将双脚放在踏板上的同时双手放开了刹车。几秒钟之后,我几乎是像块石头一样直坠而下。到第一个转弯处,我轻按了刹车。自行车颠荡得像是个垂死的人心脏受到一记猛力电击一样。没有任何关于早先雷派克比赛的照片或视频能比较贴近事实地显示出骑这段路有多么惊险。那速度实在是快极了。在第二或第三个转弯处,他们俩在等着我呢。

"着实有些凶险,是吧?"查理说。我问他们"早先那个时候"是不是也觉得这么凶险可怕。

"总是有些可怕的,"查理说,"但这也正是为什么你要这么玩呀,不是吗?要是安全的话……就没意思啦。"

乔的眼神已经显示出他玩得有多开心。他又出发了,我和查理也呼呼嘭嘭地跟在后面。我们来到一个转弯处,在这里路先向左转,接着反向回旋再以弧形转回来,同时路的右面是一片高高的峭壁,这个地方叫作"一波三折"。像汽车的赛车道一样,很多有特色的路段是有名字的。我们一路上还经过了"好事者之丘""相机之角""布里兹之树"——有一次乔不得不在这里结束了比赛,还有"文德蒂之脸"——查理告诉我,"有一次马克·文德蒂(Mark Vendetti)把他那张脸的好大一部分留在这里了"。

我们到了第一个之字形大弯时,我问起在他们的老电影《单车登山者》(*Klunkerz*)里看到的那种特殊的赛道转弯风格。乔给我解释:"用那种老式的车闸,也就是鼓式刹车时,它也有点像没刹车,你进入弯道后得用自行车把速度降下一部分才行。进了弯道就得提车跳一下,把车尾提起来向外扣,转弯的整个过程基本是侧着身一边倒的。前轮还在转所以你能保持平衡。你靠里的脚得着地,另一只脚踩在踏板上。要是你真的够棒,根本就不用手去扣刹车。"

大部分雷派克比赛都是在1976到1979年间举办的。查理说:"根本就没什么计划。其实这事也就是我们觉得想出去赛一下就去赛了而已。"查理不再组织比赛之后,这赛事也就停了。1979年,一个电视摄像组来拍比赛,一个骑手从车上摔下来把胳膊摔断了,他把电视公司告上法庭,但败诉了,雷派克也就此在世人面前亮了相,对这地方有所有权的政府机关也知道了这比赛,既然有被告上法庭的风险也就没人再愿意负责去组织比赛了。

就像大多数摇滚歌星一样,雷派克也是年轻时就退出舞台了。但它的使命已经完成。像花季中的异花授粉一样,骑手们在那期间交流意见共同受益,还有艰险的赛道给予每一辆自行车的百般锤炼,这一切促成了"布里兹型"的诞生——这是第一款专用特制的山地自行车。到1979年,马林郡有好几家别的作坊型小工厂也制造山地车。雷派克也给山地车作了公众宣传，这就为这种自行车开辟了市场。玩玩乐乐的日子结束了，现在是做生意的时候了。

我们现在快接近终点了，查理说："从这里开始，你就可以驾着这个50磅[1]重的铁家伙飞起来啦。"

倒轮脚闸可能会过热，它就会发出尖锐的啸叫声。路上还时不时会甩起块石头横飞竖打。不管怎样，你就一门心思地径直骑向最后一个弯道，转过那块岩石就是终点了。经常地，也是到了那里之后，精神就不那么集中了——要么是松了神；要么就是实在禁不住诱惑地想松开车闸，来个大幅度侧身，像弗朗兹·克拉莫滑雪时那样潇洒地飞掠过终点线。

乔的双目又开始灼灼闪耀。他跳上踏板绝尘而去。当查理和我转过最后一个弯道看到前面的岩石时，前面一大片土飞扬起来，土雾中只见依稀的牛仔色伴着一片稀里哗啦的噪响。乔已经以一个弗朗兹·克拉莫[2]式的侧滑掠过了终点，继而扑倒在地。查理没来得及把车停下，大家已经笑成一团。

---

1. 磅：此处指英制重量单位。1磅 = 0.4536公斤。——编者注
2. 弗朗兹·克拉莫（Franz Klammer）：奥地利高山滑雪运动员，自1971年赢得首届欧洲杯速降滑雪比赛冠军时就引起世人瞩目。之后的几年里，他赢得了几乎所有著名滑雪比赛的冠军。

"哈哈对不住,我刚跟你说过这个,是不是?我确实给你解说过这个。"查理往上拉了拉牛仔裤,用手指着乔,笑得嗓子都变了声。乔也大声笑着,他身子踉跄,两手捂着肚子,笑得直不起腰。

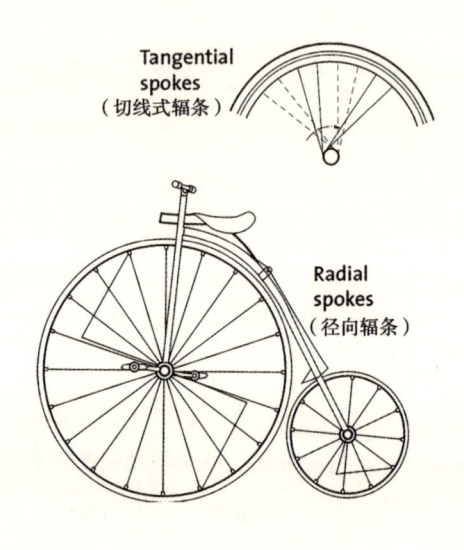

自行车切线式辐条示意图

辐条的样式取决于每根辐条在花鼓和轮圈之间会跟邻近的辐条交叉多少次。径向辐条根本不交叉,它们是从鼓耳(花鼓上突出的部分,即辐条孔所在部位)伸出来一直连向轮圈的;交叉式或者说切线式辐条则或多或少的以某一切向从鼓耳中伸出，在花鼓和轮圈之间，它们会或上或下地与另一根、两根、三根甚至是四根辐条相交叉。一般来说，辐条交叉的次数越多，就会在彼此间有较多的拉力，车轮的强度也就越高。

所以，如果一个身材高大的人骑着一辆载满物品的旅行自行车，跑在南美洲的土路上，那么这辆车车轮辐条的交叉次数应该有3次或是4次——这样他唯一需要挂心的就是耐久性了。我那辆周游世界的自行车用的是三交叉辐条的轮子，前后轮都是。如果从另一个端点来考虑这个问题，一辆由妮科尔·库克骑来参加比赛的轻如羽翼的赛车，就多半会在前轮用径向辐条，而后轮有驱动（即装有变速齿轮）的一侧用两次交叉的辐条，无驱动的一侧仍用径向辐条——她关注的主要是重量和在空气动力方面的性能。必须要在后轮驱动一侧使用交叉辐条，是因为径向辐条没法传递扭力——这是一种施加在物体之上使其产生扭转而不是推或拉的力。当你骑自行车蹬踏板时，车链对花鼓产生一个旋转力矩，使它相对于轮圈发生扭转，为了把这个力传递到车轮使它前进，就需要有（或者至少说最好要有）在车驱动一侧的交叉辐条。

更繁复的辐条样式也能找到很多，比如鱼尾纹式[1]（径向式和交叉式辐条相结合）、西班牙花边式、雪花式和径向偏移式等。有些看起来确实很漂亮，但相比于标准的交叉式辐条而

---

1. 鱼尾纹式辐条（crow's feet）：也称为鸟爪式、鸡爪式。

言，它们并没有什么实际的优势，只不过是有人花更多心思让自己的车显得更花哨些而已。

格拉维要给我打造的轮子是三次交叉的切线式辐条。要确保这个样式可行，需要量出轮圈的内径、辐条孔处轮圈的厚度（你可能会以为这个尺寸应该是标准的，但格拉维解释说在生产轮圈时每次"产出"或者说每个批次的产品也会有微小的差异）——花鼓的宽度、鼓耳外侧到花鼓边缘的距离，还有花鼓鼓耳的直径（一个辐条孔中心到另一个辐条孔中心之间的距离）。他把量出的这些数据输入萨皮姆公司网站的一个辐条长度的计算器中。

在有电脑之前，格拉维是用计算表来算这个数值的。得到辐条的精确长度很重要，因为下一步就是以这个长度来切割辐条并重新车螺纹。这一步是用那台可靠的老机器——菲尔·伍德辐条切割机——来完成的。这是放在车间一角的一个看起来又大又笨重的灰色机器，需要手工操作。如果辐条的长度切割得恰恰合适，辐条帽里就可以有最大限度的螺线长度，那么断裂的可能就更小。我心里想，所有这些工作，你是没法要求一台打造车轮的机器来完成的。

叮的一声，计算机屏幕上给出了辐条长度。"好了，计算机这家伙说你的两个轮子我们都可以做三次交叉辐条的。向你可爱的斯塔利先生致敬三回吧！"

詹姆斯·斯塔利也许是你没听说过的英国最伟大的发明家。他是一位自学成才的伟大企业家、制造业的专家，是他这样的人保证了英国的工业化进程成为一场"革命"。自行车历史学者安德鲁·里奇（Andrew Ritchie）是这样形容他的——"有可能是自行车科技发展历史上最精力充沛和最具有创造力的天才。"

詹姆斯·斯塔利

斯塔利1831年出生于苏塞克斯的一家农场，本来命里注定应该以农活为生的。15岁时，他在厨房的桌子上留了张纸条——"亲爱的妈对不起我再也待不下去了去伦敦了会很快给你写信的吉姆"——就此离家出走了。显然，他走得那么匆忙，连写标点符号的时间都没有。从很年轻的时候开始，他脑子里就充满了对机械设备的各种奇思妙想。在刘易舍姆当花匠时，他在修理钟表、缝纫机和其他设备方面的天赋，以及发明东西的能力，引起了著名的海洋工程师约翰·佩恩（John Penn）的注意。佩恩把斯塔利介绍给商人约西亚·特纳（Josiah Turner），1857年他们两人一起搬到考文垂，这个城市在英国历史上曾是钟表制造业中心。两位企业家离开伦敦而去考文垂寻找更好的商业机会，这件事本身就反映了当时的时代特征。他们开办了考文垂缝纫机公司（Coventry Sewing Machine Company），斯塔利发明了很多种缝纫机并取得了专利（其中的一些技术革新成就已经成了现在仍然使用的标准产品），那是在1868年特纳的侄子从巴黎骑回一辆脚踏车之前的事，这个自行车的早期版本当时在法国十分流行。

爱德华·沃德·库珀（Edward Ward Cooper）是当时公司的一名雇员，他在自传中描述了这新奇东西到来时的情景——"在公司神圣的管理区域停着那个从法国来的'东西'……我们都聚集在它旁边。有公司的经理特纳先生、机械天才'老斯塔利'、我自己，还有其他几个对这东西充满敬畏的公司管理人员……是的，那东西就站在那里，没人敢去碰它。"当斯塔利终于第一个上前去"碰"它时，他把它举了起来，然后抱怨太沉了。

脚踏车，或者说"自行车"，就这样开始被人们认识了。

"艾利尔"自行车

英国是一个有着强大金属加工业传统的国家,自行车这新玩意落在这一片肥沃土壤上自然会开花结果。尽管如此,斯塔利和特纳决定致力这个新兴产业时,仍是个很大胆的决定。在斯塔利手里,那粗糙的法国"震骨器"很快得到了诸多改进。1870年,他为全金属的"艾利尔"型自行车申请了专利(和他共同拥有专利权的是威廉·希尔曼,他的名字后来又继续辉煌于汽车工业)。同一年,法国和普鲁士之间开战,海峡另一边的脚踏车生产因此停顿。"艾利尔"的面世标志着自行车工业在英国的真正起点。它使英国处于自行车科技的先导地位长达80年之久，也给斯塔利挣得了"自行车工业之父"的美誉。

据当时一份记事文件记载，1871年，"为了向自行车爱好者们展示他们新型自行车优越的性能"，斯塔利和希尔曼骑着"艾利尔"从伦敦到了考文垂，用了一天的时间。他们"在太阳刚刚升起时骑上车"，然后就"勇敢蹬骑着，终于在圣麦克尔教堂的午夜钟声敲响之时到达了斯塔利先生的住宅"，历经155公里粗糙原始的路况——那是一次伟大的壮举。斯塔利那时41岁，体重14英石[1]。之后他们两人三天都起不了床，但这次骑行确实吸引了公众的注意。

"艾利尔"在广告中宣称是"最轻，最牢靠，也最优雅的现代脚踏车"。这一点也不夸张。"艾利尔"这个名字，或许是从"aerial"（空气一般）一词变化而来，也或许是借用了莎士比亚名剧《暴风雨》（*The Tempest*）中精灵爱丽儿（Ariel）的名字，但不管怎样，这个名字本身都意在暗示这种车的轻巧。1871年9月它开始进入市场，最便宜的车型售价8英镑。第一批顾客中的一位就是詹姆斯·摩尔，那位著名的自行车竞赛骑手。

"艾利尔"很快就成了新一波"高轮车"（或称"大小轮车"）的基准。空心钢管车架、改良的轴承、带中轴的控向系统、开槽曲柄、车闸、结实的橡胶轮胎，后面还有一个上车用

---

1. 英石（stone）：英制重量单位之一，常用于体重。1英石=6.35公斤。——编者注

的阶梯，在这种车的发展过程中所有这些都成了标准配置。此外，其中的一项革新设计更使"艾利尔"与众不同，进而成为自行车发展史上的一个里程碑，那就是它的前轮。

车轮是人类历史上最伟大的发明之一。车轮的历史可以说也就是人类的文明发展史。最早的轮式运载工具是在美索不达米亚南部（即现在的伊拉克）发现的，它的年代只能粗粗地估算为公元前3200年，而车轮的实际发明年代可能要更早些。那是一个坚固的木质盘形轮，中间有一个孔供车轴通过。下一步较大的进化发生在大约1500年之后。精巧的埃及木匠学会了在木头车轮上加上径向辐条，从而让他们的马车重量更轻跑得更快。从那时起一直到19世纪初期，车轮基本没有丝毫改进。当然了，在制轮工艺和材料进步的同时，轮匠的手艺也变得更加娴熟，但从车轮本身结构上来看，和以前还是一样的。在我们这个科技日新月异的年代，想想日常生活中这么重要的一件东西能在这么长时间内实质保持不变，也是一件不可思议的事情。

距上一次革新3000年之后，轮式运载工具才终于第一次显示出另一次进步的迹象——那就是1802年张力型辐条取得了专利的时候。1826年铁制辐条的车轮取得了专利——整个19世纪马车制造商们都一直尝试着使用金属辐条作为木制辐条的替代品，但都没能成功。巴黎的自行车匠和工艺大师尤金·迈耶（Eugene Meyer），可能是第一个发明了一个像样的悬挂系统的

埃及战车

人。1869年他做出了自行车的"张力轮",其特点就是每根辐条都是独立可调的。这确实是需要创造力和长远眼光的,詹姆斯·斯塔利看到了这种车轮的潜力,于是把它投入生产。作为"艾利尔"标准装置的"张紧轮"从此永远地改变了自行车。

  装有粗硬辐条的木头车轮已经为人们很好地服务了很久了。在19世纪60年代末,人们制造车轮的方式仍然与1000年以前的大致相同——粗硬的辐条用一个铁箍卡紧固定在木质轮圈上,制作过程中那个铁箍先经过加热,再冷却收缩,然后就紧紧卡住了。

它的工作原理很简单：地面向上推轮圈，轮圈则向上推辐条，辐条进而向上推入花鼓，而花鼓又向下把压力推回给辐条。在这个工作过程中，辐条受到的是压力，因为木质辐条的两端都受到向彼此推压的力。当车静止不动时，你可以把所有的辐条都切下来，只剩下底部的一两根，而车轮也不会塌垮——又粗又重的木头辐条足够强壮，可以支撑车的重量。

而张力车轮的工作方式是不同的：当车轮制成时，金属丝做成的辐条是伸直绷紧了的。每一根辐条都同时拉住花鼓，但保持着平衡，所以花鼓和轮圈是固定不动的。也就是说，每一根辐条每时每刻都起着支撑花鼓的作用，花鼓实际上是"悬"在空中，而不是完全由底部的几根辐条支撑的。当车开始负重时，比如你坐在自行车上，地面向上推轮圈，轮圈向上推底部的一根或几根辐条，此时底部辐条本身已经具有的张力会减小，它们不像之前绷得那么紧了，而此时其他的辐条是没有变化的。当车静止不动时，如果你把所有的辐条都切下来，只剩下底部的一两根，那么车轮就塌垮了——仅仅一两根又细又轻的金属丝辐条是远远不足以支撑车的重量的。

张力轮的优点首先是更大的舒适性——在预先张紧的金属丝辐条中，存在着一种减压因素。有张力的辐条比坚硬的辐条能更好地吸收路面的冲击力。然而这种车轮最重要的优点还在于减重——正像我们以前讨论过的，对于轮子来说重量是一个至关重要的因素。想想张力轮中你车子能用的一根金属丝辐条的重量，再想想要在下面支撑相同重量所需的一根木头辐条的重量吧。

斯塔利和希尔曼装有径向辐条的"张紧轮"从此永远地取代了装有又粗又硬辐条的木头轮子。"艾利尔"比以前使用的有木头轮子的脚踏车在重量上轻了大约三分之一。重要的是，这种革新性的车轮因为又坚固又轻，直径就可以增大了。木头车轮如果要坚固可靠，直径就不能超过1米，但张力轮可以越来越大，这就迎来了高轮车（或者叫大小轮车）的时代，这是在后轮链驱动的安全型自行车出现之前的最新的一种普遍车型。

高轮车没有齿轮，它们是直接驱动的，所以，踏板每转一圈，轮子也跟着转一圈。最简单的"加速"方式就是把驱动轮做得更大。于是，骑手的腿内侧长度现在实际上决定了轮子大小的上限，所生产出来的最大的高轮车，前轮的直径达到了1.5米。然而这个尺寸并不是极限，用了新材料之后，张力轮就变得越来越大了。实际上，伦敦天际最近新添的风景"伦敦眼"就是一个张力轮。

斯塔利后来又不断地尝试更新辐条技术。1874年，他的努力以"切线式辐条轮"达到了顶峰，格拉维也是要以这种方式来打造我的车轮。这个技术是斯塔利最伟大的成就。切线式辐条轮和张力轮的承重原则是一样的，但因为用了交叉的辐条，轮子就变得更牢靠了，而且驱动力也就能更有效地从踏板传递到轮圈。辐条以一定的角度排列，邻近辐条的角度差不多是相反的方向，一侧的切线角度和另一侧正好平衡，辐条交织排列增加了强度，每根辐条都可以独自张紧，车轮可以方便地调整到径向完美（即轮圈为完美的圆形）和侧向完美（即轮圈壁为完美的扁平形，动起来不会摇摇晃晃）。

斯塔利也不断地进行着其他革新，他设计的一种带有差速齿轮的链驱动三轮车很受欢迎，而制作精巧的萨尔沃（Salvo）四轮车，维多利亚女王都为之着迷。1881年6月17日，他在考文垂辞世。

自1874年以来制造的每个轮子，用的几乎都是切线式辐条方式了。这项革新成就后来也被摩托车、汽车、飞机和其他许多工业领域借鉴。直到现在，它仍然是制作自行车车轮最好的方式。

虽然我们现在已经知道高轮车（即大小轮车，只是在19世纪80年代末它已经不那么盛行的时候人们才称它为"大小币"）只流行了短短一段时间，而且在技术上它险些将自行车带入死胡同。但是，它对于社会却有两个重要的影响。

19世纪40年代，英国不断扩展的铁路交通网扼杀了公共马车运输业，也使得曾经很完美的收费公路系统大受冷落。被称作"道路巨人"的民用工程大师托马斯·特尔福德（Thomas Telford）和第一个发明了路面铺筑技术的约翰·马卡丹（John McAdam），他们那些创造性的工作都被人早早遗忘了。实际上,在19世纪70年代,道路状况要比19世纪初差得多。路上大块的石头,还有泥和车辙沟,成了常态。自行车骑手们时常会出事故。正如全国骑手联盟(National Union of Cyclists)主席雅宝伯爵(Earl of Albemarle)所写的——"我所知的骑自行车的唯一障碍,在这个国家变得很普遍,那就是在英格兰的很多地方道路变得越来越差。"

那些骑高轮车的、喜欢运动和冒险的年轻人组成一个个俱乐部,有自己的队长、制服、徽章和号手,目的就是保护自己的会员规避坑洼的危险——骑在最前面的号手看见地上有坑就会发出警示信号。这些俱乐部也会一次次地发起要求改善道路状况的行动。到了19世纪80年代中期,最大的一个俱乐部——骑手旅行俱乐部(Cyclists' Touring Club),已经有2万会员。这是一股很大的力量,通过它,很多人重新认为道路状况应该是全国关注的问题,其中自行车是主要因素。

19世纪70年代的美国,道路就更糟了。春天时泥潭处处,夏天时尘土飞扬,公路的别名成了"震肠器"。而对于在1878年开始制造哥伦比亚牌高轮车的阿尔伯特·波普上校来说,路况的改善就更是关键。

波普投身于自行车的方方面面。他创办了一年一度的自行车贸易展会;组织自行车竞赛活动;还出资赞助对不利于自行车骑手的市政规章提起法律诉讼;他创办了《车手》(The Wheelman)杂志并免费发行;还向医学界从业人员提供资金,

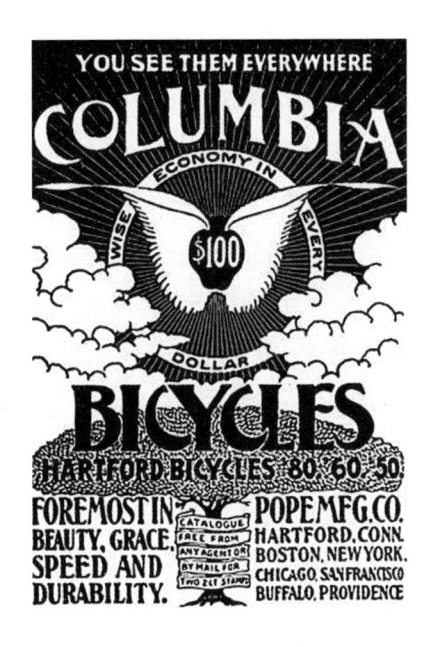

哥伦比亚自行车广告

鼓励他们撰写关于自行车的专业文章。

更重要的是，波普带头掀起了势头强劲的"好路运动"（Good Roads Movement）。他在波士顿市中心铺了一段平平的路，就是为了展示道路能够如何的平整。他出资在麻省理工学院开了一门筑路课，并在1880年创办了"美国骑手联合会"（League of American Wheelmen），这个组织创立伊始就立刻提出了改善道路的要求。

19世纪80年代，高轮车先进的行驶性能似乎为那些年轻的先生打开了思路，让他们看到了自行车旅行的诸多可能性，山地车恰恰也做到了这一点，不过是在一个世纪之后。惠顿（C. Wheaton）是伦敦考文特花园一名高轮车制造商，他制作了一份《不列颠诸岛自行车旅游地图》(Map of the British Isles for Bicycle Tourists)，并且开展了自行车月租业务。很多俱乐部还开展了法国游活动，从70年代中期开始，法国的自行车工业也再一次兴旺起来。1875年，阿尔伯特·劳麦雷（Albert Laumaillé）骑着一辆54英寸的"考文垂机械师"（Coventry Machinist）自行车，从巴黎骑到维也纳，全程1127公里。1882年，既是能破纪录的业余自行车骑手，又是英格兰贵族和传教士的伊翁·基思·法尔科纳（Ion Keith Falconer）从南到北横跨英国，用13天时间骑完了从地角到天涯[1]1600公里的旅程。

托马斯·史蒂文斯（Thomas Stevens）是美国的一位英格兰移民，1884年4月22日，他骑着一辆黑瓷漆的哥伦比亚牌50英寸"标准"高轮车，从旧金山湾出发了。他要骑着车环游世界，这一旅程用了3年时间。他蹬着车穿越了英格兰、欧洲大陆、巴尔干、土耳其、伊拉克和伊朗，在伊朗他是作为国王的客人在那里过冬的。从阿富汗被赶出来之后，他乘船从伊斯坦布尔到

---

1. 从地角到天涯：指从英格兰西南端的兰兹角（Land's End，也称"地之角"）到苏格兰最北的小村庄约翰奥格罗茨（John O'Groats），这两个地方也称为英国的天涯海角，是英国陆地端点的标志。

THOMAS STEVENS.—PHOTOGRAPHED BY FLAGLOR.

0035686　THOMAS STEVENS, 1884.
Credit: The Granger Collection, New York

托马斯·史蒂文斯与他的"标准"高轮车（弗雷勒/摄）

卡拉奇，沿着大干线公路骑向加尔各答，其间穿过了中国东部并横跨了日本，之后搭乘一艘汽轮回到旧金山。"真正骑行的距离大约是13500英里。"这是他的记录。

用他的话说，穿越美国是为了"传递信息"。史蒂文斯曾骑着他的车走过货运马车道、铁路、运河纤道，以及仅存的那几条公路。在密西西比河以西，根本没有路。他行程中至少三分之一的路程，要翻过山岭或跨越沙漠，史蒂文斯要拖着、拽着、扛着或推着他那辆34公斤重的高轮车。还有马仔向他开枪，有草原狼追着他跑。更难忘的是，为了避免被火车撞，在横跨一条山涧的一座铁路桥上，他曾一只手攀住桥柱，身子吊挂在桥外，另一只手还抓着他的自行车。

高轮车的缺点就是骑着它时固有的危险——高踞在前轮之上的车座摇摇欲坠；路上最微小的障碍也会使车向前翻倒，让骑手头朝下栽倒；没有值得一提的刹车装置。骑车事故如此普遍，并因此产生了一系列的新词来描述这些事故。骑手在高速骑行时从车前部一头栽下来是"拔了头筹""戴了皇冠"或"拿了大顶"。这车还有个绰号叫"寡妇制造器"。女人是不骑高轮车的，小男孩和老男人也骑不了，而年轻男人中身材太过矮小或体魄不够健壮的还是骑不了。这种车绝对不是"人类的老马"，与那种人们渴望的普遍实用的社会交通工具实在是相去甚远。

最后，安全型自行车使高轮车很快地被抛弃了。但高轮车所享有的持久声誉却同它在自行车发展历史中实际起到的作用颇不相配。究其原因，一部分是因为高轮车成了维多利亚时代的标志之一，还有一部分是因为它奇妙的造型。它并没有完全销声匿迹，它的生命力还体现在齿轮尺寸的计算法中，更体现于詹姆斯·斯塔利切线型辐条车轮那卓然而纯粹的设计之中。

当每一根辐条都按设定好的长度用辐条切割机手工切好并重新车出螺纹,又经过清洗、去油脂和干燥处理之后,格拉维就开始了"辐条准备"工作。他把要用的工具和车轮的各个配件整齐地码放在工作台上,又拉出一条板凳。他套上一条印有"Sapim"(萨皮姆)字样的围裙,坐下来又把所有的东西检查了一遍。他认真地做着准备工作,就像一名陶工坐下来要做一个陶碗一样专注。

"做轮子这活让你进入一种境界。就像参禅……也需要冥想的,"格拉维告诉我说,"结果就是你能造出能力所及的最好的车轮。要是这里有扰乱心神的东西,要是你想在末端处去掉一微米结果弄砸了,那就糟了。就像米开朗基罗调绘画的颜料一样,如果第一次没调对就得重新来。"

说完这些话格拉维就陷入了沉默。他把辐条一根根地穿过前轮花鼓鼓耳的孔中。时不时地,他会把花鼓一侧的所有辐条集中起来拨到一边,就像有人把头发向后扎起来一样。当他把花鼓上的商标标志和轮圈上的标志对齐后(这是一个精致的细节),终于将第一根辐条插进了轮圈上阀门旁边的一个孔,然后用一个蓝色的辐条帽把它固定住。其他所有的辐条帽都是银色的,这个蓝色起视觉辅助作用,同时也是格拉维的风格标签。然后他顺着轮圈捋了一圈,在每隔两个孔的第三个辐条孔中又插入一根辐条。他把轮子翻过来又编了另一轮。几分钟之后,轮子的式样已经开始显现出来。他用一个自制的工具把最后几个辐条帽拧了上去。

轮子的辐条式样已经编织完成了。如果不是亲眼所见，我不会相信这能完成得这么快。格拉维停下手查看着辐条交织而成的式样，说道："我跟着车队四处奔波那时，不同职业车队的技师常聚在一起比赛，我们管那叫编织比赛。"

他把车轮装在校正架上，这是打造车轮时一件很重要的设备，用于检查车轮的侧向完美度、同心规整度和圆度。手里拿着一个辐条扳手，他开始第一遍"轮查"，把每一根辐条都紧上一两下，转一整圈回到开始的地方，慢慢地让所有的辐条同步处于张力状态。

看着他工作对我来说是件很惬意的事。格拉维做起事来动作很慢很精确，进度却很快。在他巨大的手掌中，所有的零件都拿得妥帖舒服。辐条扳手移动起来的动作中有种和谐的韵律。它从来不会稀里哗啦地撞上轮圈或花鼓或任何一根松弛的辐条。它在空中往来穿梭几乎像是长在他手上的一个附肢那般灵巧。我意识到我正注视着一个人做他最娴熟最拿手的事情，对我而言这本身就是一项殊荣。

我见过精巧的自行车技师施展精湛技艺，我也预料到观看这个制作过程在视觉上会很愉悦。但我没想到的是车轮制作过程在听觉上也是场盛宴。一束辐条集在掌中轻微的金属嚓嚓声，辐条的弯转端卡入鼓耳环孔后清脆的叮叮声，辐条帽在工作台上移动时微弱的唰唰声，扳手转动辐条帽时低沉的呼呼声、松松悬挂的花鼓轻轻颤动时的沙沙声。乒、叮、叮呤、叮咚、叮当、叮嘟——格拉维静静工作时，屋子里吟响着世纪般古老悠远的自行车车轮打造之乐。而且这实际还只是一部交响乐的开篇快板而已。当辐条逐渐充满张力，乐声也变换了回响的旋律，格拉维每做完一圈"轮查"，这制轮之乐的音调也都随之变化着。

"有时候我觉得这个我蒙了眼睛也能做。"格拉维一边说一边站起身舒展一下腰背。这个我是相信的。我读到过关于达克特父子公司（A. G. Duckett & Son）的文章，那是一家位于伦敦东区的家庭经营式自行车店。20世纪50年代，正是大部分自行车店都为顾客手工打造车轮的年代，这家店以车轮的质量最为著称。尽管因为在二战中受伤而视力微弱，阿尔伯特·达克特（Albert Duckett）还是经常亲自完成车轮制作——仅靠手指触觉和听觉。

格拉维如果全力以赴，一个星期能做100个车轮。我做过一个。那是在意大利阿尔卑斯山脉中的皮埃蒙特山。我骑着一辆带驮篮的自行车顺着一条山路飞驰而下，后轮轮圈的侧壁裂开了。当我急匆匆地进了奥斯塔一家自行车店的大门时，已经是星期六下午很晚的时候了。那里负责制作车轮的那个老人星期六是不上班的。商店星期天也不营业，这是"自然"的。店里三个技师中的一个本来也能修轮子，但是那时马上就到晚上了呀。我不是很清楚到底是因了冰啤酒的口味,还是他们妈妈做的意大利煮合子[1]的香气,抑或是某个姑娘肌肤的柔润,不管是哪一样让他们迫不及待,总之他们是不肯加班给我做个新车轮的。

但他们确实卖了个新轮圈给我,价格还打了折。我在一个小广场上,在那个罗马时期的老城墙下找了条长凳坐下来就开工了。

我有一套笔记,那是两年前在马来西亚的槟城写下的。在那里我的后轮也坏了。我是在看阿巴尔(Abar)给我做车轮时记下那些笔记的,他是一个上了年纪的中国广东籍马来人,有着桃心木般棕黄的皮肤,如熟化的皮革。洋泾浜英语、马来语、广东话几种语言夹在一起,外加比比画画的手语和画图,阿巴尔将车轮制作的初级技术传授给了我。晚上,在他自行车店的拱形灰泥屋顶下,我们吃着街边流动小贩手推车上买来的沙嗲肉串、椰奶米饭和山竹。那几张笔记折得整整齐齐放在我短裤裤兜里,当我起身离开时,阿巴尔在那个裤兜上轻轻拍了拍,感觉像是传递魔法一般。

而坐在奥斯塔那条长凳上,我却感觉像是中了诅咒一般,根本没法把辐条编成正确的方式。我差不多编完了整个轮子,却不得不重新来过,连续两次都这样。天开始黑下来时,我又

---

1. 意大利煮合子(ravioli):一种像中国饺子的食品,但为圆形或方形,煮熟后浇上番茄酱吃。

试了第三次，这次成功了。每根辐条都找到了正确的孔，三次交叉的纹样也是均匀的。我尽可能地校正了车轮的侧向完美，用了刹车块做临时的校正架。这活儿做得算不上专业水平，但我很满意。我把驮篮挂回到自行车上又出发了，从奥斯塔河谷向上，朝着大圣伯纳德山口骑去。第二天在瑞士下那个通向马蒂尼的40公里的大坡时，轮子也坚持住了。尽管每天都要对它做一下维护，但这轮子确实把我驮回家了。

  我还保存着阿巴尔的笔记。我是最近又找到它们的，折得整整齐齐地放在我那本用旧了的1994年版《理查德斯自行车修理指南》的尾页中。纸页背面的墨迹已经洇透了纸面，上面还有点点斑渍，也许是沙嗲肉串留下来的，但上面记录的一条条方法还是清晰可辨的：（1）链盒一侧向上，把"成扎"的辐条插进交替的孔中……（2）把花鼓翻过来。从最靠近气阀的那根辐条（使辐条伸直）向下画垂直线；找到最靠近那根辐条的线所对应的鼓耳上的辐条孔；用这个孔右手侧的孔，把辐条插进去。辐条穿过后直插轮圈，一根插向车轮另一面辐条所用孔的右侧孔……再次读它，感觉像密码似的，很费解。而我竟然靠这些笔记，在奥斯塔一个公园的长凳上，在那些上了年纪的市民像青蝇一样集在一起散步的地方，做出了我的第一个也是最后一个车轮，直到现在，我仍觉得那是个不亚于自行车车轮自身的奇迹。

确保每根辐条的交叉都一致后,格拉维在每个辐条帽上都滴了一滴油——"为了润滑螺纹,免得拧紧时被损坏。"然后他再站起来把相邻的每对辐条放在手中搓着,校正辐条线,或者按他的话说:"较上劲,才能找到坏小妞。"

在工厂里用机器制轮子,这一步骤是用一个很大的金属杆来完成的,格拉维解释说,因此轮子的某一部分受力过大的可能性是很大的。这就是为什么工厂制造的车轮不会有太长的质量保证期。而格拉维制成的轮子则可以保证一生——"你这一生,我这一生或这轮圈的一生,都行。"他说。

拿着一件他已经用了25年的工具,格拉维检查了"盘子",以确保轮圈相对于花鼓是在中心位置——前轮必须如此。不在中心位置。他用扳子轻巧地转动几下,进行了调整。太过了。他又往回调了一点点。现在可以对轮子进行微调和加张力了。

格拉维又是从蓝色辐条帽开始,把每根辐条都拧紧了半圈。当轮子慢慢转动时,校正架就显示出轮子的哪个地方在侧向还不完美——轮圈壁不平整的地方通过仪器的基准线时会发出短短的摩擦声,听起来就像远处一个铁锹被拖过水泥地发出的声音。格拉维发现问题所在后,就会对相关的辐条进行调整:右侧轮圈壁不平,他就拧紧左侧的几根辐条,而将右侧的辐条放松些;反之亦然,这样使轮子侧向完美。这里调好了就移向下一处摩擦声发出的地方,这样慢慢向前调一圈。

我也调过我自己的上百个轮子，但这样站在格拉维的身后，看着轮圈随着他辐条扳手的转动而改变着形状，听着那些摩擦声渐渐减弱，我似乎能感受到车轮那充满活力和浑然一体的结构性。没错，这是一种机械上的奇迹；没错，这是简单而漂亮的，且充满了难以形容的生命力。格拉维用手转动了一下车轮，然后向后退了一步。不锈钢辐条组成的轮环轻快地跳跃着，展示出一种迷人的风采。有一瞬间，我实在震撼于这么实用的一件东西竟能有如此令人目眩的丰富性。我想起了马塞尔·杜尚[1]，1913年他把一条凳子翻过来把一个轮子装了上去，时不时转转它，并因此重新定义了极简主义。"我喜欢看着它转，"杜尚说，"就像我也喜欢看着壁炉里的火焰舞动一样。"

格拉维又开始一遍遍地调整轮子了——扳手转四分之一转——再来一遍——八分之一转——再来一遍——"微调一点点"——再来一遍——"把辐条上的紧力放松一点"。很容易成为费尔法克斯精神治疗课主题的这个舒压项目，实际上也是用户定制车轮制作过程的一个重要步骤。一对对平行的辐条在车轮两端被等距地紧紧固定住，如此组成了车轮的整个圆周。它们在微观层面上校正着辐条线，确保它们紧紧绷直，同时使

---

[1]. 马塞尔·杜尚（Marcel Duchamp，1887—1968）：法国艺术家，20世纪实验艺术的先锋，被誉为"现代艺术的守护神"，对于第二次世界大战前的西方艺术有着重要的影响，是达达主义及超现实主义的代表人物和创始人之一。

辐条弯转端卡在鼓耳上。这里一定要小心，避免调整过度。在工厂里，这个是由机器做的。而格拉维则是手工完成这一步，所用的工具也很有些年头了，那是以前汤姆·瑞奇拿一个轮轴做的。

手里拿着一个辐条张力计，格拉维开始了最后的精调。要是能得到这么一件工具，詹姆斯·斯塔利肯定会不惜一切代价的。它能以微米为单位测量一根辐条上三个不同点的弯度，然后以牛顿为单位给出那根辐条的张力值。这样就能以极大的精确度来确保每一根辐条都达到了最佳张力。这可比斯塔利在制作第一辆"艾利尔"自行车时粗略地以车轮加张力进行测量的精度高出了老远。

"你越频繁地骑自行车，就越想要好的车轮，"格拉维轻柔地说，"好好保养它，时不时仔细检修一下，别把它放在外面生了锈，这样一个轮子你能用上几十年……让你享受无尽的骑行乐趣。"

格拉维用扳手调轮子的次数越来越少，后来就根本不用了。车轮无声地旋转着。他站起身来，退后几步，用胳膊揽住了我的肩膀。

"好了，我的朋友，它现在完美了。"

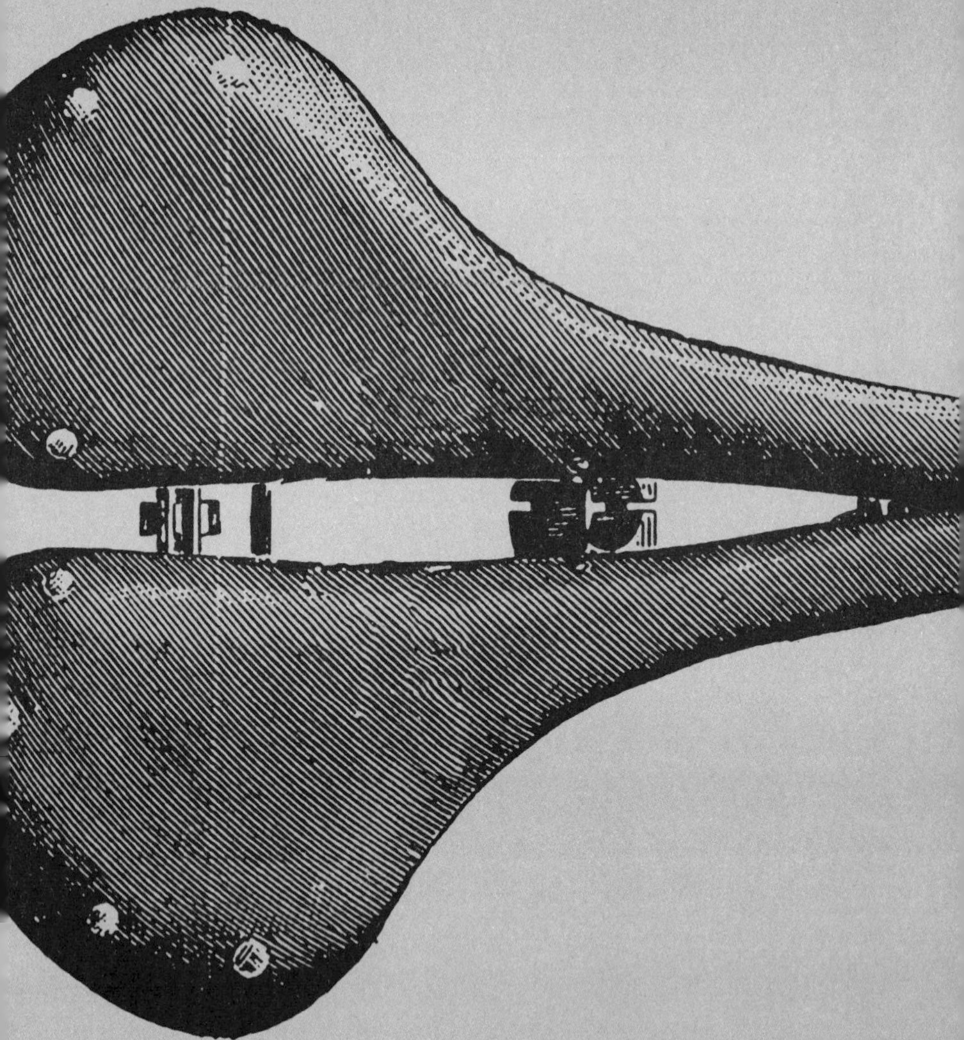

车座

铆钉之上,座与心同

真相是令人很痛苦的。
也许不像跳上一辆丢了车座的
自行车那么痛,
但仍让人很痛苦。

——莱斯利·尼尔森
《白头神探2》[1]

---

1. 莱斯利·尼尔森（Leslie Nielsen，1926—2010）：加拿大及美国著名电影喜剧演员。《白头神探》(The Naked Gun) 是由他主演的最有名的系列喜剧电影，本文引用台词出自《白头神探2》，电影全名为 The Naked Gun 2½: The Smell of Fear，也译为《恐怖的气味》《站在子弹上的男人》。

骑手和自行车之间有三个接触点：手/车把、脚/踏板、臀/车座。它们重要性的排序很大程度取决于你作为骑手热爱骑行的狂热度。一个狂热的骑手，骑了100英里之后，可能会抱怨手腕和脚踝有点疼；一个初学者骑了10英里后，会苦楚地觉得屁股疼，但喝了三品脱[1]啤酒外加一袋炸猪皮以后，这疼也就烟消云散了。再没有什么比鞍疮更能毁掉骑车的乐趣了。这也是骑行中最普遍的苦痛，为此英语中加进了一个不及物动词来专门描述这个具体状况：to buttache（喊屁股疼）——不及物动词，（俚语）指骑了自行车后哼哼唧唧地抱怨车座引起的鞍疮疼痛。

骑自行车的一个普遍真理就是——疼是不可避免的，但痛是可以选择的。专业自行车骑手也会很疼，但他们不会哼哼唧唧地喊痛。大作家欧内斯特·海明威也是位狂热的自行车骑手，他曾和弗·斯科特·菲茨杰拉德[2]一起骑车环游欧洲。在他写的《太阳照常升起》（*The Sun Also Rises*）一书中，主人公杰克·巴恩斯（Jake Barnes）在一个西班牙餐馆中遇到了一群参加一个赛段比赛的专业自行车骑手：骑手们喝了很多葡萄酒，他们被太阳晒得黑黑的……那个在比赛中领先了两分钟的骑手屁股上长了疖疮，特别疼。他坐着时屁股只敢沾一点椅子边……

---

1. 品脱（pint）：英制容积单位。1品脱=5682.6毫升。——编者注
2. 弗·斯科特·菲茨杰拉德（F. Scott Fitzgerald，1896—1940）：20世纪最伟大的美国作家之一。最著名的小说为《了不起的盖茨比》。

其他骑手取笑他的疖疮时,他用叉子敲着桌子说:"都听着,明天比赛时我鼻子会紧贴着车把,唯一能挨上我那疖疮的,就是一缕舒服的微风!"

车座对人体造成的伤害是惊人的。我屁股上从来没长过疖疮,但与自行车上那一块皮革的摩擦,在过去曾给我带来过割伤、裂伤、损伤、擦伤和挫伤。我的大腿也曾被磨得像是鲜嫩的生鱼片一样。"鞍疮"这个词远远不能形容那种疼痛。叫"鞍伤"稍微能接近些。

对自行车车座的唯一要求就是舒服。车座设计中的基本人体工程学原理是很简单的。车座的前端(或者叫鼻端)要很窄,以避免(或至少是减少)对大腿内侧的摩擦。后端要宽到能支撑骑手的骨盆带,如果要在解剖名词上更精确些来说,能支撑"坐骨结节"或"坐骨",就是当你坐下时臀部支撑你体重的那部分。女性的坐骨比男性大约要多一英寸的间距(这与生育有关),因此最好选用后部较宽些的车座。

当需骑行较长距离时,车座的形状就很重要了,因为骑手需要用更多的力,蹬踏得较快,就像专业骑手经常做的。在车座是用皮革制造的那个年代,因为皮的车座在使用中会改变形状,越来越适合使用者,专业的自行车骑手在更换车队时会带着自己用得舒适的车座一起走。汤米·辛普森,那位死后比生前更知名的、有争议的英国自行车英雄,以前是自己做自用车座的。霍斯特·舒茨(Horst Schütz)是20世纪80年代的德国专业骑手，他用的车座也是特制的——用压缩泡沫雕出凸凸凹凹的形状来契合他颇为特殊的多骨的臀部。

辛普森和舒茨都是有名的场地自行车赛骑手，都参加过很多次现代"六日赛"——这可能是最能考验臀部和车座亲密接触状况的一种自行车竞赛了。早年间，这种竞赛是名副其实地持续六天六夜不间断的。在室内自行车赛道上，每个骑手在这个时间内尽可能骑更多圈。第一场竞技性六日赛是1878年在伦敦伊斯灵顿农业大厦举办的。骑手们骑着高轮车，一圈又一圈地骑，直到他们从车上掉下来，小睡片刻，攀上车再一圈又一圈地骑，一直骑六天。安息日那天是没有比赛的。啧啧！作为比赛而言，这个可和我们现在的习惯大不相同。

然而在维多利亚时代，人们却喜欢看那些薪水微薄的运动员像瞎了眼的动物一样挑战耐力。每天都有成千上万人坐满整个大厦看那些骑手攒圈数。据《伊斯灵顿公报》（*Islington Gazette*）报道，获胜者是来自谢菲尔德的比尔·卡恩（Bill Cann）。他用一辆木制车座的自行车骑了1756公里。《公报》里没说的是，他喊屁股疼的声音估计一直到林肯郡都听得到。

下一年，同样的赛事被称作"世界长距离锦标赛"（Long Distance Championship of the World）。主办方作为一个纯粹的商业企业，那些新成立的、自成风格的自行车管理机构，比如"自行车联盟"（Bicycle Union）和"英国旅行俱乐部"（British Touring Club）（后来改称为"自行车骑手旅行俱乐部"[Cyclists'Touring Club]）是管不了他们的。那时候在英国主宰运动新时代的是一种典型的自命不凡的情绪，于是这两个自行车团体禁止任何曾赢得过竞赛奖金或有偿地参加过自行车竞赛的人成为它们的会员。自行车运动那时已经从大学和公立学校的围墙内走向社会，正处于竞技运动合理化风潮的风口浪尖，也是"绅士对阵运动员"之争的焦点，这是那个时期社会上争议最大的问题——人们是不是应该有偿地参加体育运动？差不多与此同时，足球、板球和橄榄球，也经历着同样的成长之痛。

当然了，没有几位"绅士"看得上六日竞赛这样丝毫也不优雅的活动。乔治·沃勒（George Waller）是一位专业自行车骑手，也是纽卡斯尔一位普通的好心人。他赢得了1879年那次比赛的冠军，得到了100金币[1]的奖金。他每天平均骑行322公里，到结束时是被人从车座上抬下来的。和一个流动的骑手马戏团有过一段短暂的商业合作之后，他结束了作为专业骑手的生涯，又回去做建筑工了。

沃勒在1879年的主要对手是个法国人，叫查尔斯·特伦特。他本来也是工薪阶级，但与沃勒不同的是，他因自行车而发迹，这就很能说明英法两国社会阶层流动方式的不同。特伦特成了法国的第一个体育明星（在南特[Nantes]还有条以他的名

---

1. 金币（guinea）：旧时英国金币，定值为21先令，也称为几尼或基尼。

《小日报》封面上的查尔斯·特伦特

字命名的街），拥有相当一笔财产，他还在世时就出版了一本传记，有很多女性崇拜者，巴黎歌剧院常年会为他预留一个座位。他的成功也使他成为一代又一代梦想通过自行车赛车得到山头上豪宅的法国工薪层的偶像。特伦特后来又从六日赛转而参加其他更多的自行车场地赛，再后来，更著名的是开始参加自行车公路赛。1891年，特伦特不眠不休地连续骑行了71小时22分钟之后，一骑独行冲过了香榭丽舍大街的终点，赢得了第一届巴黎–布雷斯特–巴黎公路赛,这是现存历史最悠久的"经典"自行车公路赛,环法自行车赛也只是它的一个翻版(环法赛开始于1903年,是一场在路上而不是场馆里举行的六日赛而已)。1200公里的距离使巴黎–布雷斯特–巴黎赛成为另一个对自行车车座的严峻考验。至少到那时车座已经不是木制而是进化成皮革制造的了。

六日赛在19世纪90年代初期传到了纽约,标志着此后横扫美国的自行车狂潮自此开始。从19世纪90年代中叶一直到20世纪20年代末期,美国每个主要城市都有个自行车赛车馆。场地赛车和棒球一起成为最受欢迎的体育赛事。一年一度在麦迪逊广场花园举办的场地赛车成为那个时代规模最大且观众人数最多的体育盛会,被称为"六日超级杯"(Super Bowl of Sixes)(直至现在它仍然是很受欢迎的一项场地自行车比赛,依场地的名字被称作"麦迪逊赛")。狂欢节般的气氛,社交与下赌注的机会,吸引了曼哈顿各个社会阶层的人来参与。工业界与政界的巨擘和电影明星及帮派团伙等形形色色的人会聚一堂,他们也都被那些穿着白色制服戴着蓝色鞋罩的博彩公司雇员和眼尖的推销员虎视眈眈地盯着。

美国的300多家自行车生产商则争着抢着赞助那些身材最瘦的、骑得最快的或长得最帅的自行车骑手。他们的运气也会跟着这些骑手起起伏伏。在体育界,自行车骑手是挣钱最多的。实际上,现代职业体育市场是从他们那里起步的。有那么一个短暂的时期，也就是摩托车和汽车出现之前，在西伯利亚松木铺就的倾斜场地赛道上呼啸盘旋的自行车骑手，是这个星球上跑得最快的。速度就是那一刻的行情。专业自行车骑手感觉自己就是体育界的上帝。在"花园"赛场中，他们是无比强大的。

在赞助争夺战之外，还有美国人最青睐的消遣项目——赌博，这样的气氛更把骑手们推到极限的边缘。比赛中事故不断，时常有骑手摔得昏迷不醒，或跟跟跄跄地穿过赛道。很多骑手使用兴奋剂，有时只是为了保持清醒。时不时地也有骑手身亡。观众沉醉在"那种除这里之外可能只有在战场上才有的痛苦和磨难中"——这是托德·巴尔夫（Todd Balf）在梅杰·泰勒（Major Taylor）的传记中说的话。泰勒是1896年在麦迪逊广场花园的一次六日赛中开始他的赛车生涯的，那一年还第一次举办了女子自行车六日赛。在那次比赛中，泰勒摔倒了，他恐怖地感觉到自己要死了。然而他后来却成长为一个伟大的赛道赛车手、一位体育偶像和美国的第一位黑人明星，在那个时代，这在很多人看来是难以容忍的。

1897年查利·米勒（Charlie Miller）以3369公里的成绩在"花园"赢了六日赛，得到了3550美元的现金奖金和一位美女歌手的香吻。他告诉记者，赛前他吃了3磅的米饭、1磅燕麦粥，还喝了几加仑[1]的咖啡和20夸脱[2]的牛奶。6天里，他总共只

---

1 加仑：此处指美制容量单位。1加仑 = 3.785升。——编者注
2 夸脱：此处指美制容量单位。1夸脱 = 0.946升。——编者注

休息了10小时左右,其他时间就一直在不停地骑。

由于人们的抗议,1898年纽约州制定了一条法律,禁止自行车骑手一天骑行超过12个小时,于是赛制中引入了两个人搭档的小组方式。速度仍然在增加,距离也仍然在加长。来自生产商的赞助也还在继续。顶尖的骑手,那些"赛场上的明星",在那6天里能挣出他们父辈用6年才能挣到的钱。杰出的澳大利亚骑手阿尔夫·古利特(Alf Goullet)和他的搭档,在1914年麦迪逊广场花园举办的六日赛中骑出了4442公里的惊人成绩。这个距离几乎够得上美国从"此岸到彼岸"的宽度了。它也比现代的环法自行车赛长了966公里,而环法赛用时是3个星期的。到现在这个成绩记录仍然未被打破。赛后古利特写道:"我的膝盖很疼,闹肚子也让我很痛苦,我的双手麻木到一个月都不能把手张开到足以系上领口的扣子,我的眼睛也被刺激得很厉害,有很长一段时间我都没法忍受屋子里有烟。"他没一句提到屁股疼。古利特一共赢过15次六日赛的冠军,其中有8次是在麦迪逊广场花园。他活到了103岁的高龄。

那些历史性的体育赛事,要是问有哪些是我希望当时自己能有幸参与的,这个名单会很长。除自行车外,历史和体育也都是我钟爱的。要是把"神秘博士"(Doctor Who)那时间机器(TARDIS)的钥匙给了我,我就会去1954年的伊弗里路田径场,去看罗杰·班尼斯特(Roger Bannister)如何打破1英里赛跑那4分钟的极限。接下来我要去卡的夫阿穆公园,看1973

年野人队（Barbarians）对阵新西兰队（New Zealan）的那场比赛。然后到1810年12月的伦敦西区，去看那场很可能是迄今为止最伟大的职业拳击赛——克里布（Cribb）对决莫利诺（Molyneaux）。再之后，我的下一站就会是去"花园"看一场史诗般的年度六日赛，时间在19世纪90年代中期或20世纪20年代后期都行。

到了20世纪20年代，禁酒令甚嚣尘上之时，爵士时代（Jazz Age）花街柳巷的红男绿女在"花园"赛场里可以和平·克劳斯贝[1]这样的名流共聚一堂。1922年的赛事有12.5万人参加。一个记者在他的文章中写道："挖煤工、技工、出租车司机、小职员们和穿着白领衬衫及穿低胸礼服的人在一起狂欢。""没有终点的骑行"成了当时的新闻头条。达蒙·鲁尼恩（Damon Runyon）为《纽约时报》（New York Times）作六日赛的专题报道，瑞因·拉德纳（Ring Lardner）则通过自己的体育专栏把六日赛描绘成了时代的特征。这种内在的激情吸引了海明威。20世纪20年代，他在巴黎参加了很多次六日自行车赛，1929年还在冬季赛车场（Vélodrome d'Hiver）的一个包厢里修订了《永别了，武器》的校样。他在巴黎回忆录《流动的盛宴》中写道："我写的好几个故事都是以自行车赛开篇的，但没有任何一个故事像那些赛事本身一样精彩。"

---

1. 平·克劳斯贝（Bing Crosby，1903—1977）：美国流行歌手、演员，曾获得奥斯卡最佳男主角，并在1962年成为格莱美终身成就奖的首位得主。

麦迪逊广场花园，六日自行车赛正在进行

在《伟大的自行车远征》（The Great Bicycle Expedition）一书中，作者威廉·安德森（William Anderson）遇到了一位70岁的六日赛前骑手，那位前骑手回忆说："一连六天你大腿内侧和一块馅饼形状的皮革不停地摩擦。要是你知道那些骑手都用过什么东西来减轻摩擦，你一定会大为惊奇的。我自己就试过用轮轴润滑油、凡士林、椰子油，还有很多你能想得到或想不到的东西。我认识的一个人甚至试过预热时在短裤里塞满果冻……噢，那些日子啊。"

六日赛在美国的热度消退是在经济大萧条[1]时期。到了20世纪40年代，汽车热和电视转播的体育比赛则让六日赛彻底消失了。到80年代霍斯特·舒茨特制他那波状起伏形的车座时，六日赛又在欧洲复活了。现在，这些比赛已经不像维多利亚时代的人们所喜欢的那种极端的耐力考验型赛事。然而，在阿姆斯特丹、柏林、不来梅、斯图加特和有传奇色彩的"根特六日赛"（Six-Days of Ghent），确实仍然有专业自行车骑手把屁股放在那会让他们很疼的地方，同时也让他们的车座经受极限考验。

我用过很多个车座，但没有任何一个能让我觉得舒服——我是指像一双穿久了的拖鞋那样的舒服。但我也注意到，自己确实已经习惯了那些不同的车座在不同的速度时带来的痛苦。这就说明有些车座要好些，或至少比其他的更适合我一些。我不会像杰罗姆·克·杰罗姆的小说《三人漫游》（Three Men on the Bummel）中的角色那样宣称："最适合的车座有待你去寻找。"杰罗姆对此也持恰当的怀疑态度——

　　我说："你还是别打这个主意了。我们所在的世界本

---

1. 经济大萧条（Great Depression）：指1929至1933年之间开始的全球性的经济大衰退。大萧条是第二次世界大战前最为严重的世界性经济衰退。大萧条的开始时间依国家的不同而不同，但绝大多数在1930年起，持续到30年代末，甚至是40年代末。大萧条是20世纪持续时间最长、影响最广、强度最大的经济衰退。

身就是不完美的,是快乐和痛苦交织的。也许真有什么更好的地方,在那里自行车车座都是用彩虹做的,里面填进去的是云。而在我们这个世界里最简单的事是要习惯硬东西。在这里有你在伯明翰买的车座,它从中间分开,看起来像是一对肾。"

(哈里斯)说:"你说那个是按解剖原理制作出来的吗?"

我回答:"很有可能啊。你买它时是有个盒子的,封面上有张图,图上是个坐着的骨架……我只知道我自己是试过的,对于身上有肉的人来说用起这个还是挺疼的。每次轧过石块或是过道沟时它都掐你一下,就像你骑着的是头暴躁的龙虾似的。"

《三人漫游》讲的是主人公骑着自行车穿过黑森林的一次旅途,首次出版是在1900年。杰罗姆是个眼尖的社会观察家,他目睹了19世纪90年代大家匆匆忙忙地从自行车上捞钱的情形。直到踏板、驱动链、车闸和充气轮胎都和钻石型车架装到了一起,发明家的注意力才转移,终于想到要把车座弄得舒服些了。

广为人知的一件事是约翰·肯普·斯塔利重重地坐在一堆湿沙子上,然后指着他坐过的印记对他的雇员喊道:"就做这个!""新"的车座在19世纪90年代几乎是一款又一款地不停做着宣传。在广告里它们经常宣称"突破性"的医疗证据显示

"旧"的车座是多么有害健康。像哈里斯这样的家伙是完全不由自主的，就像杰罗姆在书里写的那样："你倒是想想是不是有哪一款广告宣传过的车座是你没有买过的？"

早些时候还有一部小说试图抹杀在颠簸不平的石头路上骑车对男性性功能的伤害的可能性，这本书来自波士顿体育俱乐部（Boston Athletic Club）。19世纪70年代，美国骑自行车的人被叫作"骑师"，有这么一班骑师就试图在不招致败坏公共道德的谴责的同时，找到一种骑行内衣，用于人骑在车座上时帮助支撑和保护腹股沟部位。根据他们的需求，芝加哥体育用品公司夏普和史密斯（Sharp & Smith）的查尔斯·贝内特（Charles Bennett）发明了"自行车骑师背带"，也称为"护身三角背带"。

维多利亚社会的保守分子对女性使用的车座尤为关注。他们真正担心的是骑自行车会对女性产生性刺激。当然了，以前所担心的，会有成千上万的永久性女色情狂成天骑着自行车在乡下不停转悠的局面，从来也没真正出现过。即便如此，车座的生产商们也还是有机会的。1895年，第一款"卫生型"车座面世了。这个车座在中间一分为二，因此骑手的重量只分别落在他或她两侧的坐骨结节上，它被宣传为"完美的解剖学设计"。这可能就是被杰罗姆·克·杰罗姆形容为"骑着暴躁的龙虾"的那款车座。

解剖型车座到现在仍然在生产和取得专利。事实上，自维

Hygienic saddle, c. 1895

结构完美的解剖型车座 "卫生型"车座，1895年

多利亚时代起，每一代都会出现某个人，搞出个古怪的设计，就自以为已经解决了车座的难题。然后，就像哈里斯一样，我们就不停地买来尝试。我见过像旧式拖拉机座那样形状的"奇妙车座"（两边成勺状凹下去，中间没有鞍桥），或者形状像大食蚁兽鼻子那样的，像新月形的，像猎人手杖扶手处的折叠座椅的，像一圈黑布丁蛋糕的，像蝠鲼鱼的，像套在一只烤箱手套里的一套超大音叉的，像便壶上半部的。照我看来，它们全是江湖骗子造出来的。卖这些车座的网站，无一例外都声称它们重新定义了舒适的概念，大字标题上也是老一套的问题：

"性无能——你是否也有风险?"

更高级一些的为女性特制的车座,从中心处切出一个凹槽,鼻端稍短些。生产商在一个世纪之前就开始制造这种"切掉一块"的车座,而且它们现在仍然很流行。这种对标准车座的简单改进有着合理的解剖学和医学原理——在车座中间切掉一块,就减少了对身体某些极敏感部位的压力。

我骑过的最不舒服的车座也是我骑过的最大的一个。那是装在我第一辆真正的自行车——"罗利小斧"——上的。那个车座是黑色的海绵质地,还有一个靠背。在我很小的时候它就教了我选择自行车车座的第一个原则——少即是多。我学到第二条原则是在我12岁得到第一辆有下沉式弧形车把的自行车的时候——车座的宽度取决于骑手上身在自行车上的位置。当你身体俯在车上,手伸在车把的D型环里,脊柱弯曲时,一个较窄的车座会更实用。而直着身体坐在一辆通勤车上,一个较宽的车座就更适合些。

当我骑着第一辆山地车到中国和巴基斯坦探险时,我在乌鲁木齐市的一个市场上买了一个座套。它由两英寸厚的泡沫制成,上面垫着紫色的天鹅绒,两侧还装饰着辫穗和亮片。它看起来像是暴女乐队[1]"抱抱熊"(Huggy Bear)用过的夹克上丢下

---

1. 暴女乐队:出现于1990年代早期的华盛顿州以及西北岸,是一种由独立摇滚衍伸出来、以朋克为灵感所引发的音乐风格,传达出女性可以自由表达意见,就如同男性一直以来的那样。暴女乐队通常在歌词中关注各式议题,诸如强暴、性别歧视、种族歧视、家庭暴力、父权,以及女性赋权。Huggy Bear 是其成员之一。

布鲁克斯海报

的一块垫肩,就是她们参加皮条客大会用于掩饰身份穿的那种夹克。它不属于山地车。喀喇昆仑公路走了一半的时候,在喀什和吉尔吉特之间,我沿着公路以约翰·韦恩(John Wayne)般O型腿的牛仔步态走着。第三条原则——永远不要拿任何东西来装饰你的车座!过多的海绵或额外层次的裤垫一开始可能会感觉更舒服些,但这会导致更多的侧向移动、不够高效的蹬踏,并最终带来痛苦的煎熬。那一次相对来说我还不算太糟糕。我朋友比尔也买了同样的坐垫,只是铺的是绿色天鹅绒。在兴都库什山深处,他长了痔疮。

我现有的这些自行车都装配有不同的车座。在那辆旧的施文牌山地车上,用的是赛勒·圣马可·"罗尔斯"(Selle San Marco "Rolls")车座。圣马可从1935年起就在意大利北部做车座了。"罗尔斯"款的车座在某种程度上已经成为经典。这种车座是用高密度泡沫制成的,再以皮革做面。伯纳德·希诺特和格雷格·莱蒙德在20世纪80年代都是用"罗尔斯"款的车座赢的环法自行车赛,这真是一款适用于高性能赛车的车座,但配我那匹老"战马",看起来也很棒。然而,如果我有几个月没有骑这辆车,那"罗尔斯"车座就会硬得像一块花岗岩。我较新的那辆山地车有专配的车座,它形状纤细,骑起来很舒服,不过是用乙烯基制品做面的,看起来很廉价。我的两辆公路赛车用的都是赛勒意大利(Selle Italia)的车座,他们从1897年就开始做这一行,是意大利自行车零件领域最负盛誉的品牌之一,也是第一个制造了真正的极简主义车座的生产商——那是在20世纪80年代。那辆旧的铝制赛车用的是一个"切掉一块"的车座,它的边缘已经磨破并且卷曲了。较新的那辆碳纤维车有一个超级光滑的黑色凸面车座,它的后面缺了一块,那是和乔·泰玛士(Joe Tarmac)高速相撞的结果。我那辆老旧的通勤车上,用的是一个不伦不类的、很大的泡沫车座。我想不起来它是从哪来的了,它自然是最不舒服的。

除了最后这个,所有这些车座都是优质产品,也都有一些不同。我觉得不论我骑哪辆车，有时候我的屁股会硌得很疼，有的时候就没事。

还有一个车座我没有提到，就是我骑着周游世界的那个。我记得在自行车店定制那辆车的车架时和那个店员的对话。做完适体评估之后，我们一起确定要安装在我自行车上的零件的列表。那个店员很清楚我需要什么，却很礼貌地迁就着我。在引导我选择他早心里有数的结果之前，总是简短地和我探讨一下哪个是最合适的轮圈、辐条、支架、车把、车闸等。然而轮到车座时，他却把这礼貌省了。他眼皮都没从纸面上抬起来，就直接写下了"B17"的字样。

"B17是什么？"我问道，"怎么听起来像是种鸡尾酒似的？"他只是指了指我身后那辆自行车的车座。

"那个应该是我爷爷那时候骑过的。"我说。

"一点儿都没错。"

B17是布鲁克斯公司的产品。1866年，约翰·博尔特比·布鲁克斯（John Boultbee Brooks）在伯明翰创立了一家公司，制作马具和其他皮革制品。那个故事是这样的——12年之后，布鲁克斯骑着上下班的那匹马不幸死了，因为买不起一匹新马，布鲁克斯就借了一辆自行车用于上下班。像许多他那个年龄的男士一样，这匹铁马对他而言是个新奇的发现，当然了，这种马不用每天喂一桶燕麦想必也是重要原因之一。那个木头车座对他来说也是个意外发现——它实在是太不舒服了，布鲁克斯发誓要为此做点什么。

1882年10月，他申请了自己的第一个车座专利。专利申请书上写道："我的发明用于自行车和三轮车车座的制作，以使它们用起来更舒服和方便，特别是在长期连续使用的情况下。"从那时起，该公司就一直致力帮助自行车骑手缓解臀部痛苦。布鲁克斯先生，我愿代表全世界历年来的自行车骑手，向您这位俊美的先生致敬！

B17是布鲁克斯公司在1896年引入市场的产品，从那时开始就一直没停止过生产。我估计它是自行车历史上年代最久的现存配件类型了。它如此的长寿基于几个因素：一个新的B17车座真的是很漂亮；简单的名称在很多不同的语言中都易记难忘；简洁的设计造型历久不变；传统制作工艺由推崇公司传统的工匠们代代相传。更重要的是，这种车座骑起来很舒服，而且它的制作方式使它经久耐用。

20世纪，布鲁克斯公司的业务曾扩展到车座挂包、工具包、驮篮、自行车用雪茄托盘（这难道不是绅士们骑车必备的么？），甚至生产过家具。公司的所有权也几易其主，还曾短期归于罗利公司名下，但无论怎样，布鲁克斯公司从未停止过生产B17，而且从来都严守最严格的标准。从那时起一直到20世纪70年代，几乎有50年，B17都是大多数自行车专业骑手首选的自行车车座，其中也包括来自法国、意大利和荷兰的骑手，尽管在这些国家时常有各种压力要求他们选用本国制造的车座。

而其他大多数执着于自行车的骑手，在选择装备上更是紧随专业骑手的榜样。

从20世纪70年代开始，模制塑料、乙烯基、钛、凯夫拉[1]、喷雾黏合剂和凝胶（一种耐久的、非吸收性的泡沫）等新材料被引进车座的生产中。这带来了根本性的变化。车座变得更轻而且更廉价。皮革不再受欢迎。1995年，我那辆环游世界的自行车在组装时，B17只服务于一个很小的消费者群体——长途旅行者。这些人分为两种类型：出发去穿越大陆的男人和女人们，或是一个更小的行将"灭绝"的群体——带着一张折得整整齐齐的地图和一保温杯热汤的英国自行车骑手。1995年，布鲁克斯的车座可不是处于潮流顶端的（尽管它们现在又重新爬了上去——从2002年起，他们的销量已经在7年内增长了两倍）。

给我装配车架的那个店员，在订单上写上"B17"的字样时绝没有丝毫的犹豫，就像1970年世界杯决赛时，巴西足球队的经理人在那件10号球衣上印上"Pelé"（贝利）的名字而不会犹豫一样。那个车座让我骑完了4万公里的旅行。我不是说它没带给我痛苦，我以前说过，痛苦是不可避免的，但我没有因它而受折磨。

---

1. 凯夫拉（Kevlar）：美国杜邦（DuPont）公司20世纪60年代研制的一种芳纶纤维材料产品的品牌名，1972年正式实现商品化并为该产品注册商标为Kevlar。由于该品牌产品材料坚韧耐磨、刚柔相济，具有刀枪不入的特殊本领，在军事上被称为"装甲卫士"。

当我完成旅行回到英国时，那可怜的车座快被我臀部给捣烂了——皮面已经从车座后面的铆钉处散开，侧面也裂开了。车座下面的滑轴（把车座和座杆连在一起的钢架），也有一个小裂纹。但B17还是带着我到家了。

要是你相信弗兰·奥布莱恩[1]的小说《第三个警察》中，警长普吕克那段关于一个男人和一辆自行车之间那微妙的单相思情缘的怪诞和充满讽刺的话，那么可以说，在一个车座上花这么多时间确实是有风险的。普吕克的"原子理论"说，人和自行车车座的长时间接触会导致"分子交换"：

> 不可避免的结果就是，当人们用了他们自然生命中的大部分时间去骑一辆铁制的自行车走这一地区的这些石头路时，由于他们互相之间发生了原子交换，人的个性和自行车的个性就搅和在一起了。要是你知道在这地方有多少半人半车的家伙，你一定会吃惊的。

布鲁克斯工厂位于斯梅西克的一条侧街上，在伯明翰运河航道附近。斯梅西克以前只是个乡下小村子，但工业革命把它

---

1. 弗兰·奥布莱恩（Flann O'Brien，1911—1966）：爱尔兰文学家布莱恩·欧诺兰（Brian Ó Nualláin）从事英文小说创作时选取的笔名。布莱恩·欧诺兰一生从事小说、戏剧及专栏写作，有人评价其文学成就时，将其同曾获诺贝尔文学奖的另外两位爱尔兰文豪乔伊斯和贝克特并称为现代爱尔兰文学的三剑客。其后现代主义经典英文小说《双鸟游水》（At Swim-Two-Birds）和《第三个警察》（The Third Policeman）入选时代20世纪百部最佳小说之列。

变成了一个19世纪的新兴城市和全球的金属加工专业中心。现在，布鲁克斯是剩下的唯一一家自行车相关生产企业，不仅在斯梅西克，在整个广义的伯明翰地区也是如此。他们生产自行车车座和小系列自行车皮革配件。

布鲁克斯工厂从1950年起就一直在唐宁街的同一地点，那时他们制造闸线、车把、车闸，并在一个短时期内生产整车。要回想伯明翰那时的图景确实需要极大地提高一下想象力才行。那时这个城市也被称为"千业之都"，几乎每个非住宅用建筑物都是一家工厂或车间，制造钉子、枪械、餐具、床架、铸件、玩具、锁件和自行车零件。这个城市的发展和繁荣依靠金属加工业，而处于这一切核心的就是自行车制造业。

伯明翰与东南面的考文垂和东北面的诺丁汉一起组成了一个三角形，这里集中了全球最密集的自行车和自行车零件生产企业。这里是大力神（Hercules）的故乡，它是20世纪30年代全世界最大的自行车生产商，外加几百个生产从轴承到钢管的企业。我父亲长大的地方是在伯明翰到考文垂之间。他最早的记忆之一就是看着夜空映着橘黄色的火焰，那是当德国发动闪电战时伯明翰的自行车和汽车工厂在燃烧。当我告诉他我在写一本关于自行车的书时，他很高兴，他们那一代的英格兰中部人仍然感觉自己是拥有自行车的。

史蒂文·格林（Steven Green），办公室经理及他那30名雇员的头儿，在工厂大门口迎候了我。顶着冲压车间的噪声，他大声对我说:"欢迎到布鲁克斯来!"那边那些冲切机、弯转机、铆接机在锤打、塑形、卷压和切削着钢铁。这工厂的声迹,也曾是整个城市的声迹,应该是历经一个世纪都没有什么变化的——我把自己的想法告诉了他。

"对极了,"史蒂文回答的时候眼中闪烁着光芒,"我们有些员工也在这待了差不多一样长的时间啦。来见见鲍勃吧。"

鲍勃是个长辈模样的人,有着和善的眼睛和粗粝的双手。他正在操作一台冲切机,给布鲁克斯著名的加重型系列车座做减震弹簧。鲍勃露出开朗的笑容说:"是啊,我在这里已经工作50年了。不过跟着一个像他这样的头儿一起干,似乎感觉更久些呢。现在,这里比我更老的东西就是这台机器了。它是40年代的型号。所幸的是我们还能得到它的替换零件,要是我也能跟它一样该多好!"

然后我又见了基思,他在布鲁克斯工作已经有40年了;接着是斯蒂芬,30多年;艾伦,19年;还有贝弗利,"不告诉你"。

"我们真像个家一样,第二个家,"史蒂文说着又整了整领带,很显然他对此很自豪,"每个人都和别人相处得很好。我们的社交生活搞得很好。我们有很多培训。我们对自己的工作感到很自豪,所以大家才愿意留下来。我们的顾客把用了三四十年的旧车座送回来翻修,这真是好极了。"

当我们穿过冲压车间向皮革车间走去时,鲍勃把一只手搭在我肩头说:"你就想,布鲁克斯的车座像双皮鞋一样。你第一次穿上它们时可能会感觉不舒服,会觉得这里掐一下那里捏一下似的疼。但过了段时间之后,它们就特别合适了,会成为以后20年里你最舒服的鞋。我总是说,一般人骑自行车用的塑料车座,但真正的骑手都用皮的车座。"

和现代填充凝胶的车座相比,新型的布鲁克斯车座要硬得多。就像鲍勃说的皮鞋或棒球手套一样,它们是需要磨合的。热衷于此的人常常激烈地争论到底怎么做才是最好的方法。有些人涂上羊毛脂的皮革膏来加速这个过程。布鲁克斯推荐他们自己生产的"普鲁菲德"(Proofide)皮革保养膏。但不管怎样,要磨合布鲁克斯的车座,你最终还是得骑它才行。

骑上1500公里之后,你坐骨和车座接触的地方才会出现浅浅的压痕,那里的皮革会自然成型来适合你的臀部了。我的那个B17用的时间要长些。我环游世界之旅的第一程是从纽约到旧金山。现在回想起来,我的车座是到了南达科他州的某个地方才终于让我感觉舒服了。那之后就没问题了。如果你不嫌麻烦,用张紧螺栓来使皮革随时处于拉紧状态的话(这是布鲁克斯车座的一个显著特征),那车座就会变得越来越舒服。

这样你就有了一个越用越好用的产品。这是不符合常规的特例。我们生活在一个反乌托邦的时代,几乎我们买的所有东西都在打开包装的同时就开始变坏。就像法国人说的:"Tout passe, tout casse, tout lasse."——一切都会改变，一切都会破裂，一切都会磨损。毁弃是普遍现象。我们已经把这作为标准接受了。买了，用了，然后就扔了埋了。传奇般长寿的布鲁克斯车座，也许会是乌托邦经济的第一批产品中的一个。那是20世纪70年代持不同政见的知识分子梦想中的经济形式，在这种经济下，商品价格昂贵，但经久耐用，而且都是可以修的。更完美的是，制造产品的人会有很高的收入因而能分享社会财富。

很难想象史蒂文和鲍勃会是工业革命后世界上最伟大经济（和生态）转型的先锋。而且，容我极为诚实地说，当我向他们提起这一点时，他们根本没明白我在说什么。

制作车座的皮革来自英国和爱尔兰的黄牛，是一家位于比利时的制革厂制造的。皮子必须是5.5毫米到6毫米厚，史蒂文向我解释说："这是为了很好地支撑和耐用。只有从肩胛骨到臀部的那部分皮才够厚。"他一边说一边递给我一张黑色的皮革。我看着皮革被切成车座的形状，像糕点盒似的。任何有瑕疵的地方都弃置不用。切好的皮子在温水中浸润后被压在黄铜制的车座模具上，之后要经过干燥和再次塑形。贝弗利用一台巨大的砂光机磨光皮革的边缘。商标是用一台加热器印上的。公司的徽标固定在后面，然后这块皮子和上百块其他车座的半成品一起被挂在一个架子上，再被推车推到各个装配站。

制作一个车座的全过程需要3天。每项工作都要求高水平的手眼协调、灵巧的动作和高度集中的注意力。"经验和眼神好是很重要的，"史蒂文说，"如果你贸然去干其中任何一项工作，丢掉一只手的可能性是很大的。"我确实留意看那里是否有人少了一两根手指什么的，但没看到。甚至连索尼娅（Sonia）都十指俱全——她的工作是把铆钉射进皮革以将它固定在金属鞍桥板上，做这项工作时只有经验和一双好眼睛能帮她。

"贴在铆钉上"是一个过时的骑行用语了。这个词盛行的年代，所有的车座都是皮革制的，都用金属铆钉固定在座框上。它所形容的是一名骑手骑行时弯着腰身子紧贴他的自行车，他的手紧攥着弧形把弯曲的部分，臀部只稍稍贴着车座鼻端那一小块，他竭力在每一个蹬踏动作中都把全身最大的力气投进去全速前行。要对应描述现在的情况，说"贴在凝胶上"好像怎么也表达不出同样的力度来。

那种带很大黄铜铆钉的款式，铆钉用锤子敲进去还有最后倒角的工作都是手工完成的——这些工作没有哪个机器做得了。"倒角"这个词是中世纪的一个木工术语，是指对一个什么东西的边缘进行加工。在布鲁克斯，负责这项工作的是埃里克，他用一个极其锋利的工具通过连续不断的动作把皮革边缘多余的部分削去。如果有片刻的走神导致工具削偏了，那个车座也就只能进垃圾箱了。他们的"专业队"（Team Professional）款车座就是用这种切削工艺来修边的。以前，专业的自行车骑手骑用布鲁克斯的车座时，总是抱怨车座的边缘会磨他们的大腿。现在，这道工序主要是用于装饰了，但它比其他任何东西都更能体现精细体贴的手工工作是融入每一个车座之中的。它向我们展示了为什么布鲁克斯这个名称已经成了精美工艺的代用语。

"我们生产40多款不同车座。每一个都要求不同的工艺。如果你做勾缘工作，甚至只是打铆钉的工作，都需要对每种皮革有所体验才行，因为它们都是不同的。"史蒂文说。我们穿过车间走回来，来到生产线的末端。在这里，所有的车座经过最后的检视，然后抛光，装箱。

"好了，"他说，"你已经把生产过程从头看到尾啦。我猜你要买一个B17吧，要什么颜色的？"

"实际上，我现在要买的是'专业队'款。我喜欢上手工打造的黄铜铆钉和勾缘的活儿了。我要一个黑色车座，带铬黄色座框的。""专业队"款是1963年面世的，以它46岁的年纪，在布鲁克斯的车座序列中，只能算是个自命不凡的年轻人而已。它的结构是以B17为基础，整体由一块皮革制成，钢制座框的骨架由两条滑轨和一个弯曲的鞍桥板组成。张力螺栓固定在车座鼻端的下面，皮面由铜铆钉在车座前后固定住。款式名称"Team Professional"（专业队）印在车座两侧，商标"Brooks"（布鲁克斯）标牌固定在车座后部。整个造型简单而优美，是力量与优雅的完美结合。对于我的选择，我能看到史蒂文眼中闪烁着热切的赞同。

"很好的选择，"他说，"从今以后它会为你好好服务很多年的。我希望25年之后你能把它送回来翻修。毫无疑问，我们中的一些人到那时候仍然会在这里工作的。"

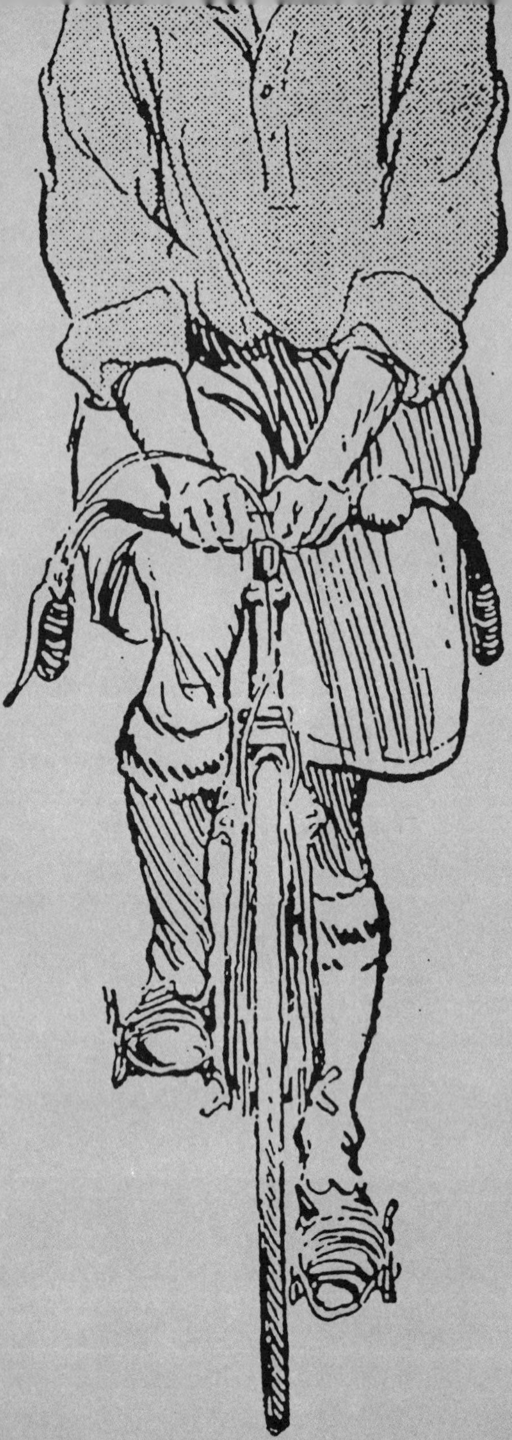

大功告成

万里寻车，绝不徒劳

一条路、一英里，那是我的王国
河岸、砂石以及那绽放的一切，尊
我为王

　　　　——帕特里克·卡瓦纳[1]
　　《茵尼斯吉恩路：七月的晚上》
　　（*Inniskeen Road: July Evening*）

---

1. 帕特里克·卡瓦纳（Patrick Kavanagh，1904—1967）：爱尔兰乡村诗人。在《爱尔兰时报》2000 年的"国人最喜爱的诗歌"调查中，排名前 50 的诗中有 10 首来自卡瓦纳。

从我第一次来拜访布兰·罗克到我再回来看这辆自行车喷漆和组装，其间季节已经变换了两次。在那之前，我已经设想过上千种颜色了。它们中有些是思忖后有意存留于脑海中的，而另一些则是在我四处奔波去收集那些自行车组件的旅行中不期而至的。第一个挥之不去的颜色是黄色——那种富丽的凡·高黄。这本是地中海色调，但在1919年当环法自行车赛的胜者第一次套上"黄色领骑衫"后，自行车就把这色彩据为己有了。环法赛选用这个颜色是为了与创办这个赛事的报纸《汽车报》[1]的版面颜色一致。之后，我曾想过要一辆黑色的自行车，我想那看起来会显得平和而永恒。然而一个朋友说黑色让人有心理负担，会使那辆车看起来很沉重。我也想过要比安奇的那种蓝色，也就是蔚蓝色，它因冯斯托·科比而名扬天下，更奇妙的是，据说这是意大利皇后眼睛的颜色。我还踟蹰于英国赛车队的绿色，直到我知道那代表着贪婪才改了主意。

我妻子是个艺术家，对颜色向来很在行。我在考虑卡布其

---

1. 《汽车报》（L'Auto）：其前身《自行车与汽车报》（L'Auto–Vélo）创办于1900年。创刊没多久，就被创刊于1892年、当时法国销量最好的体育报纸《自行车报》（Le Vélo）告上了法庭，要求他们把报名中的自行车去掉。1903年1月，《自行车与汽车报》输掉了官司，被迫改名为《汽车报》，而此时他们的报纸也卖得不好，濒临倒闭。《汽车报》当时的主编亨利·德格朗热（Henri Desgrange）急需找到一个提高报纸销量的办法来挽救报纸。于是在记者热奥·勒菲弗（Géo Lefèvre）的提议下，环法自行车赛诞生了。当时的法国，虽然自行车运动已经比较繁盛，但还没有人操办过一场历时一个月把赛程扩大到整个法国的比赛。这个开创性的赛事最终成了堪比奥运会和世界杯的传奇赛事，正是凭借环法自行车赛带来的积极效应，《汽车报》走上了法国体育媒体之王的道路。

诺咖啡的那种棕色——这是一种自我牺牲的颜色,当我问她觉得怎么样时,她却说:"亲爱的,难道给你的自行车选个颜色竟比给我们孩子取名字还难吗?"这话对我可是一点忙也帮不上。还有艾迪·默克斯的自行车用的那种麦提莎糖般的橘黄色,还有海豹灰、珠光灰、覆盆子红、翠蓝、鸡冠红、宝石蓝、墨绿……所有这些颜色我都思来想去地反复掂量,以至于我梦里都满是闪烁的色板。我打印出几十张手工喷漆的自行车图片,把它们贴在我办公室的墙上。然而,我还是没法做出选择。

因为还要为下管和座管上的镶板找到第二种颜色,对于颜色的选择就变得更为复杂。我给杰森·罗克打电话,他将给车架喷漆。"我需要点建议,"我说,"哪种颜色是我能选的?"

"你能想出来的任何一种颜色都行,罗伯。任何你喜欢的颜色,基本来说,什么颜色都行。"

"不成,你不能用那个颜色。"杰森说着,把一个油漆罐放下,转身面对着我,屁股靠在一个工作台上,双脚一叉,两臂一抱。我们是在他的喷漆工作间里。

"你说'不'是什么意思?"我问。

"就是不成,就这样。不行。"

"你不能这么说。我是顾客。还有你说过我要什么颜色都行的。"

"罗伯，有一天你会为这个谢我的。甚至可能就是今天。但是我说什么也不能把你这辆车漆成紫色。现在不是1973年。我们今天晚上也不会去看斯拉德（Slade）乐园的音乐会。我向你保证，如果你把那辆车弄成紫色的，6个月之内你肯定得回到这来求我重新喷漆的。不成！"

紫色是在我行程末期出现在我脑海中的。我想的是那种皇家紫，也叫泰尔紫的红紫色，那是古代腓尼基人首先制作出的一种染料，是凝结血块的颜色。

"你也不是另类摇滚明星大卫·鲍威[1]作品中雌雄难辨的齐格·星尘（Ziggy Stardust），"杰森说，"你只是罗伯·佩恩而已。火焰红怎么样？那是很热门的颜色。"

除了可以选择管材材质、正确的几何形状、完美尺寸的车架以适合骑手需求和与之相配的零部件，选择颜色搭配也是人们想要一辆适体定制自行车的核心原因。这辆自行车不只要感觉和用起来像是为你特制的，它看起来也应该像是你自己的车。红色，时不时就会成为批量生产商们最喜欢的颜色，不适合这辆车。

"我刚刚为穆罕默德·阿里（Muhammed Ali）定制的那辆

---

1. 大卫·鲍威（David Bowie，1947—2016）：生于英国伦敦布里克斯顿，英国摇滚歌手、演员。1972年推出概念专辑 *Ziggy Stardust*，在专辑中他创造并扮演了虚拟太空雌雄同体生物齐格·星尘（Ziggy Stardust）。

车喷了漆,是火焰红配银色的底色,珍珠白的镶板。要是这颜色对穆罕默德·阿里来说足够好,对你来说也应该足够好。"杰森说。

"不行。"

"铁灰色呢?近几年这颜色需求很多,配蓝色或红色的镶板。"杰森继续在我们面前架子上五十来种漆罐中搜寻着。他用螺丝刀打开漆罐的盖子,把罐子从工作台另一面推向我。

"粉色?"

"不行。"

"法拉利蓝?"

"嗯……"

嘭……嘭……嘭。三罐不同金属蓝放在了我面前。

"这一个是哈雷戴维森(Harley-Davidson)蓝,很有动感,有点像宝石蓝,但艳一些……还有这个,也是好颜色,一种带透明罩色的金属蓝,你可以增加罩色的层次让它变深到你想要的程度。"

"我喜欢这种蓝色,"我说着,把一个罐子拉到了一边,"镶板呢,它配什么色好呢?蓝色配橙色怎么样?"

杰森的嘴唇绷紧了。蓝色和橙色本是我钟爱的颜色,我努力寻找独特的颜色搭配时,倒是忽略了这两种颜色。

"能看看橙色吗?"我问。

"嗯,好吧。咱俩在这点上永远也不会达成一致的,是不是？"

在我翻一册册的色板时，杰森翻弄着柜子里另外上百个漆罐。

"加州金？奥运金？糖苹果红？在这了，这一个是动感橙色。"他说着，把一个罐子举起来递给了我，"这是被杰里米·克拉克森[1]叫作ASBO橙黄的那个颜色。这还有另一个……又有一个。咱们来看看这些吧。"

当那一罐罐的橙色和蓝色漆放在我面前时，我终于有了一个目标。整整一个小时，我斟酌着，把那些罐子推来拉去，把每种橙色和每种蓝色放在一起，尝试着想象它们在一个车架上搭配在一起的效果。这很难。杰森已经离开了，打破寂静的只有我握紧拳头的那只手的拇指一次又一次碰到另一只手掌的声音。正当我感觉快被痛苦释放出的烟尘麻醉时，忽然之间那完美的蓝色和橙色组合出现在我面前。

"好了，我找到了。"我冲楼下喊道。杰森三步并作两步地上楼来。

"快点，"他说，"咱们赶紧开始，免得你改主意。"

---

1. 杰里米·克拉克森（Jeremy Clarkson）：英国媒体人、作家，对汽车及驾驶类题材具有很深造诣。他与搭档理查德·哈蒙德（Richard Hammond）和詹姆斯·梅（James May）主持的BBC汽车节目 *Top Gear* 深受全世界车迷的欢迎，被称为"世界上最疯狂的汽车电视节目"。他本人也被认为是世界车评界最有影响力的人。

还没等我说出"发条橙"[1]这个词,杰森已经穿上了他那件白色连体防护服,看起来正像《发条橙》里一个小流氓(Droog)。车架已经喷上了白色的底漆。后上叉和后下叉则用纸包起来再封好——它们将保持本色,不喷漆,这样会使车架看上去有种经典的意大利风味。这是我们原先商量好的。把车架挂在一个像屠宰场挂肉的那种大钩子上,他开始工作了。第一层橙色漆喷上了座管和下管,看起来难看极了。我禁不住发出了几声哀鸣。

"每喷一层漆颜色都会有些变化。事实上,漆全部喷完,车整体装好之前是看不出真正的效果的。所以,别着急……暂时别急。"

又喷了一层漆。喷漆室后部那个叫"炉子"的加热板,确保了每层漆只用几分钟就能干。喷了三层橙色漆之后,杰森把喷过漆的镶板用纸和胶带封好,又在喷筒内装上了蓝色漆。

很多车架生产商是把做好的车架送到别处去喷漆的。我能理解为什么。这是一项很专业的工作,可能像焊接那活儿一样难。一层一层地喷漆需要精熟的手工艺,了解喷漆的时间和火候以及随着漆面层次的叠加颜色是如何变化的,这需要经验,而能把每层漆都喷得均匀,更需要技巧。喷漆更容易成为许多

---

[1] 发条橙(Clockwork Orange):在这里是一个双关语,作者选中的橙色叫"发条橙",这也是一部著名小说的名字。下文提到的 Droog 这个词,源自俄语,本意是"老友",在《发条橙》这部小说中,主人公混迹其中的街头流氓团伙成员以此互相称呼。

潜在顾客评价手工打造自行车工艺的标准——没有几个人会去仔细察看管材的焊接做得如何，知道自己应该察看哪里的就更少了，然而喷漆如果没弄好，却是人人都看得清楚的。

杰森小心翼翼地操作着，他扫动喷枪的动作优雅稳定，确保每一层漆均匀地覆盖整个车架。在喷第三层和第四层漆之间，他拉开一个装满了转印贴（或者说叫"贴标"）的抽屉。我需要选择用在下管和座管上的不同贴标：银色"ROURKE"（罗克）字样用于橙色镶板上，镶板贴边处再用多种颜色的"World Championship"（世界冠军）字样边条来装饰；布兰·罗克公司优雅的公司标志用在头管上，还有一个小的字母缩写"BR"徽标放在座杆的后面——"这样你超过别人时，他就知道你骑的是一辆罗克牌啦，罗伯。"杰森说。最后一个贴标，用在上管上面的，会是我的名字"Rob Penn"，用一种简洁的字体，银色。

"这个够深了吗？要是蓝色够深了就告诉我。要是你愿意的话我很容易让它更深些，但我觉得现在这样已经挺好啦。"杰森说着，又喷完了一层漆。我已经没有选择的力气了，外面天也黑了。不知道这蓝色和橙色是否相配，我紧张得都快成哑巴了。杰森又喷了一层蓝漆。这层漆干了之后，他用一把尖利的小刀切开封住镶板的胶带，小心地把裹在那里的纸撕开。

蓝色配橙色——看起来真的棒极了！

如果看车架喷漆是件痛苦的事，那么看到整辆自行车在布兰·罗克的店里组装起来则是一种连绵不断的快乐。机械师组长马特·罗伯茨（Matt Roberts）工作起来有着制表匠那样的缜密和灵巧。首先，内胎和轮胎被装在车轮上，他精细地让轮胎上的印字和气门芯的孔对齐。然后，他把没有安装任何配件的车架固定在工作架上，开始组装头管。头碗组的一对轴承碗装进去了，然后是控向系统，包括车叉、竖管和车把，组装在一起。

我把所有的零件装在一个大纸盒箱里带到了店里。每次马特弯下腰从箱子里拿出一件东西，一段记忆便突然闪了回来：格拉维硕大的手、安东尼奥·科伦坡的西装，还有史蒂文·格林眼中闪烁的光芒。这是一个令人遐想联翩的百宝囊，满满一盒欢乐的回忆。

下面轮到中轴、牙盘和飞轮组了。马特从他身后墙上兵工厂一般的工具柜中取工具，常常抬手就拿，看都不用看。前后变速器用螺栓安装上了，然后是车链。那是生产的标准尺寸，马特用一个车链工具，完全靠目测，把它截短到适合我自行车的适当长度，然后他将连接的铆钉装上去，于是动力传动系统就组装完成了。

车轮也装上了。杰森从他办公室出来，查看后轮相对车架的间距。"刚好。"他说，然后嘘了口气，"唷！"

布兰时不时会从这里路过一下。当马特的工作陷入短暂的停滞时,比如当他试图将钢丝线从那个崭新的康帕纽罗11速变速器的变速盒中穿引过奇纳力车把,而一时难以成功时,那些年轻的技工就围过来,似笑非笑地看着。而当他很巧妙地用了几下锉刀,又在钢线上加了些油,外加一点额外的力气,让线得以顺利穿过时,那些看热闹的也就一哄而散了。马特于是开始切割和修整黑色线缆套,细心地确保连接后轮刹车的那部分线套上面的印字居中,而且字的朝向正确。

座杆截到了合适的尺寸,布鲁克斯车座也装上了。"这个可真是件艺术品。"马特一边说一边上上下下地按动着变速器,调整着变速齿轮,一遍又一遍地微调,以确保变速器工作时达到完美的协调。最后他说:"你一定美死了!"

实际上,我这时颇为忧郁。我为打造这辆自行车东奔西走的旅程已经到了尽头。这个过程本身是引人入胜的,带给我极大的快乐。有人说自行车的发展正处于一个新的黄金时代的起点,通过这个旅程我知道这个说法一点也不夸张。我联系的所有生产商都告诉我,过去这几年他们的生意在稳步增长着。在追求质量的进程中,工艺和技术之间的平衡又一次发生了变动。如果人们需要的是一辆精心制作且经久耐用的自行车,这说明自行车这个交通机器在被轻视了半个世纪之后又一次得到了人们的重视。在波特兰,在费尔法克斯,甚至在伦敦,我都见证了围绕着自行车的社区在发展着。自行车又成了潮流的新宠,也许这并不会持久,但不管怎样,它让我们看到了对健康问题的关心,对交通问题的观察,对自然环境的关注,以及石油价格等种种因素将自行车又推回到公众意识的中心了。在英国,社会的精英团体从19世纪90年代后又再次骑起了自行车——伦敦市长、有影响的政治家、全国性大报纸的编辑、像乔恩·斯诺(Jon Snow)和杰里米·帕克斯曼(Jeremy Paxman)这样的著名主播,还有从阿斯达(Asda)的首席执行官到时装大师保罗·史密斯(Paul Smith)这样的商界领袖,他们不但骑自行车,更不遗余力地提倡骑自行车,这在20年前简直是难以想象。

善于适体定制的车架匠又一次重新调整了自行车,特别是使之适用于城市交通,这也是放眼于未来。世界上第一本自行车杂志《脚踏车画报》(*Le Vélocipède Illustré*),在1869年的一期中是这样总结的:"这种钢铁马填补了现代生活的空缺,它不仅满足了生活的需要,更满足了生活的愿望……它肯定是属于这里的。"今天我们仍然可以这样写。20年之后,发达国家的很多城市将会成功地把自行车重新融入交通系统中去。赫伯特·乔治·韦尔斯写道:"当我看到一个成年人骑在自行车上时,我就不会为人类的未来绝望了。"要是在现在,他也应该会充满希望的。

我跟马特说我感觉很伤感,因为我寻车的旅程已经结束了。他瞟了我一眼,然后把目光投向自行车,然后又看向我。他是对的。这就是那光明的一面——分分毫毫都无比完美的这个人类最伟大的发明之一的化身。我梦寐以求的自行车——它已经一切就绪了。

布兰将车举起，从支架上拿下来。"好了，来吧，"他说，"骑上来，我们再最后看一下。卡上扣鞋，放松些，握住那里的车闸……把这个踏板踩下去，把膝盖往回收。好了，你下来吧，我要把这个调下来一点，还要把车座推回去一点点。"

车座调整之后，我又骑上去，一个胳膊肘顶着工作台以支撑身体。杰森和马特站在一边，抿着嘴唇盯着自行车，慢慢地点着头——这是特伦特斯托克这地方检验通过的表示吧。

布兰的手和眼都围绕着车子灵活地动着。这时他向后退了一步说："你看上去真不错，年轻人。真是完美极了！"

在我的想象中，第一次骑这辆车，就像电视里的汽车广告那样。我在一条空荡荡的海岸公路上，也许就在加州太平洋1号公路上的大苏尔段，也或者在俯瞰亚得里亚海的那一段路上，顺着坡路疾驰而下，一路越过无数个连绵不断的完美的弧形弯道。自行车、公路和骑手完全融为一体。海面波光粼粼，日光熠熠生辉，一切都如禅境般祥和美好。

而在现实中，我从自己位于布莱克山脉家中的后门出来，去面对一个灰蒙蒙看不到天空的世界。一位威尔士诗人可能会充满诗意地说：雨轻柔地落着，宛如上帝的福泽。而实际上，那只是个平常的下雨天而已。我应该等雨停了再出去的，可我等不及了。而这辆自行车，已经准备就绪去挑战一切行将到来的风雨，也等不及了。一个人和这样的一辆车之间应该是有个盟约的——你骑着它，也守护着它；它则带着你远走高飞，到一个远离现实的心灵避难之地。

这样的一个运载机器会有感觉吗？我最近又重读了自己环游世界时所写的日记。它证实了我当时的怀疑——我那辆"玛纳南"自行车从来没背弃过我。在我穿越沙漠或翻越陌生的山脊时，当我身有病痛或心情抑郁又或处身让我惊惧的人群之中时，它从没有抛锚掉链子。当我处身危险时那辆车从没出过问题。一旦我到达安全的港湾，可以放松下来，车上就会有零件掉下来。而为了回报这些从困难环境中挺过来后才发生故障的善意，我每隔三到六个月就把车完全拆解、清洁，然后重新组装。我理解车的工作情况。为了完成这段旅程，我们俩是完全平等的伙伴。

此时我抬腿跨上了自行车。咔、咔两声轻响，鞋扣卡进了踏板，然后我们这人车合一的一体就顺着路骑下去了。于是我又找到了那平静熟悉的感觉，这便是我看世界的窗口了——比走路要快，比火车要慢，比汽车要高，比飞机要低。车的整体感觉很紧致，任何一辆高质量的新车都会有这种感觉——硬硬的车座、完美同步的齿轮系统、绷紧的车链，还有反应灵敏的刹车。感觉一切都处于一种完美的平衡状态，似乎是打造它各个部件的那些人灵巧的双手使它有了生命。

我向兰托尼山谷骑下去，掌控着车，几乎是笔直地越过那些弯道。片刻之后，我的速度就达到了每小时60公里以上。车骑起来感觉极舒服极平稳。在通过山谷那段长长的平缓的上坡路时，我在飞转的踏板中找到了一种韵律。那是欢快的韵律。对于这辆车，对于这本书，以及其他无数的忧虑，此时都消散得干干净净。这就是骑自行车的美妙之处——这韵律使头脑中一切沉重的思虑都沉睡了，取而代之的是一种空空然的状态。只有一些零星的思绪偶然地进入这片空然之中——或是一支歌的一段合唱旋律，或是一首诗中的一节，或是乡间景色的一个小细节，或是一个小笑话，或是很久之前困惑着我的一个问题的答案。

兰斯·阿姆斯特朗错了。我知道这有些荒唐——他创纪录地赢了7次世上最艰苦的自行车赛事，而我在这里告诉你他热销全世界的那本书的书名《根本不在于自行车》[1]，是错误的。你没听错，我正是这么说的。兰斯，你根本不知道自己在说什么。就是在于自行车，一切都在于自行车！

过了卡佩尔—伊—芬之后，路变得陡起来了，云也消散了很多，露出一片蓝蒙蒙的天空。山峦沐浴在阳光下，空气中充满了晴朗的希望。我身子离开车座，奋力地蹬着车，高强度的

---

1. 《根本不在于自行车》(*It's Not About the Bike*)：这本书在港台等地也译作《重返艳阳下》。

努力使最后一丝倦怠也消失无踪了。在我手里，自行车传递出一种令人感动的热切。

在福音关，我们通过了岩石间的关口，身后的风景也渐去渐远。我停止蹬踏，让车缓缓地顺着坡道向下自由滑行。威尔士中部地区的风景无比壮观，整个世界都展现在我的车把之前。我坐在一个最好的座位上观赏着这个世界，这个座位耗资超过3500英镑。我想，对于一辆自行车来说这是很大一笔钱。然而，对于我所拥有的一件最美好的东西而言，这点钱真的不算什么。

致　谢

这本书的完成主要归功于两个人：编辑海伦·康福德（Helen Conford），她首先认为人们应当给自行车一种全新的评价，之后更是为编辑本书付出了极专业的努力；第二个人则是我的妻子维姬（Vicky），她很明白我是个更喜欢骑而不是写自行车的人，在写书的过程中是她督促我把我牢牢地按在书桌前的。

有好几个人热情地为这本书提供了自己的想法和意见——我要感谢斯蒂芬·伍德（Stephen Wood），他给我讲了一些来自民间的关于骑自行车的神秘故事；还要感谢来自骑行旅行俱乐部（CTC）的维多利亚·哈泽尔（Victoria Hazael）和克里斯·尤登（Chris Juden）、来自骑行步行促进会（Sustrans）的安娜·西姆斯（Anna Simms）和马特·戴维斯（Matt Davies），以及约翰·哈德森（John Hudson）、查尔斯·菲普斯、罗杰·克罗斯奇（Roger Crosskey）、乔·克里斯勒（Joe

Christle）、弗雷什（Flash）、大卫·米勒（David Miller）和安德鲁·摩尔（Andrew Moore）。还有布莱恩·帕尔默（Brian Palmer）、道格·平克顿（Doug Pinkerton）和我的老骑伴威尔·法拉拉（Will Farara）都帮我细读过初稿。

感谢菲尔·伍德公司的加勒特（Garrett）和彼得·恩莱（Peter Enright）；克里斯·金公司的克里斯·迪斯泰法诺、黛安娜·查默斯和大卫·普拉斯（David Prause）；奇纳力公司的安东尼奥·科伦坡、保罗·艾泽高维奇（Paulo Erzegovesi）和洛多维科·皮戈那提（Lodovico Pignatti）；康帕纽罗公司的莱瑞·皮阿萨和洛伦佐·塔克西斯；大陆轮胎公司的沃尔夫·沃姆·瓦尔德和哈迪·博尔特斯；莱斯公司的克利夫·波尔顿；布鲁克斯英国公司（Brooks England）的安德里亚·蒙纳海利（Andrea Meneghelli）、史蒂文·格林和其他所有员工；《骑行健身》（Cyclefit）编辑部的朱利安·沃尔（Julian Wall），还有多米尼克·托马斯、斯拉特·奥尔森、鲁迪·康特拉蒂、雅克柏·德斯特里（Iacopo Destri）、马尔科·康索尼（Marco Consonni）、彼得·佐特林（Peter Zheutlin）、约翰·摩尔、克劳斯·格鲁特、查理·凯利、乔·布里斯、比利·萨瓦格和史蒂夫·"格拉维"·格拉文尼特斯，他们都与我分享了有关自行车的知识和对自行车的热爱。我也很感激克里斯·安德森（ChrisAnderson）拍摄了我梦寐以求的自行车照片作为本书英文版的封面。

非常非常感谢阿尔戈斯自行车店的加里·尼达姆（Gary Needham），鲍勃·杰克逊自行车店的唐纳德·托马斯，莫西亚自行车店的格兰特·莫斯利，定制自行车店（Bespoke Cycling）的巴里·斯科特（Barry Scott），罗伯茨自行车店的查斯·罗伯茨，奔宁自行车店的李·库珀、巴里·威特科姆（Barry Witcomb）、尼尔·奥瑞尔和保罗·科克兰，香草自行车店（Vanilla）的弗农·巴克（Vernon Barker）和萨夏·怀特，雷诺兹技术公司（Reynolds Technology）的特里比尔（Terry Bill）和基思·诺隆哈（Keith Noronha），罗克自行车店（Rourke Cycles）的马特·罗伯茨和其他小伙子。感谢他们为我的"钻石之魂"车架所付出的时间和努力。其中最感谢的自然就是布兰和杰森。

企鹅出版集团（Penguin）的梦之队使这本书的出版成为可能，他们中包括尼基·李（Nikki Lee）、丽贝卡·李（Rebecca Lee）、杰西卡·普莱斯（Jessica Price）、克里斯·克罗伊松（Chris Croissant）和马里·山崎（Mari Yamazaki）。我很高兴地告诉大家，他们也都是自行车骑手。基于本书为BBC4台制作的纪录片又将一支新的团队带入了这个项目，感谢工业影业公司（Indus Films）的史蒂夫·罗宾逊（Steve Robinson），格温利安·休斯（Gwenllian Hughes）、艾玛·哈斯金斯（Emma Haskins）、路易斯·丰塞卡（Louis Fonseca）和萨莉·利斯克-路易斯（Sally Lisk-Lewis），柯蒂斯·布朗集团（Curtis

Brown）的本·霍尔（Ben Hall），考文垂交通博物馆（Coventry Transport Museum）的史蒂夫·巴格利（Steve Bagley），还有格温弗·卢埃林（Gwynfor Llewellyn），特别是制片人罗伯·沙利文（Rob Sullivan），感谢你们给予这个项目的无限热情。

感谢在我家附近的MD自行车店（M&D Cycles）和阿伯加文尼店工作的麦尔斯（Miles）、道恩（Dawn）和马克，在我家附近小酒吧的店主史蒂夫（Steve）和雪莉·查德威克（Cherrie Chadwick）夫妇，还有潘提杰利（Pantygelli）的皇冠酒吧（Crown），本书初稿的大部分是在那里完成的。最后，感谢我不知疲倦的经纪人，柯蒂斯·布朗集团的卡米拉·霍恩比（Camilla Hornby）和卡米拉·戈莱特（Camilla Goslett）。

最后的最后，感谢在旅途中与我分享了这么多快乐里程的所有朋友，他们发自内心地认同一段美好的自行车旅途，就像生活一样，必然是平衡的。他们之中包括阿尔夫·奥尔德森（Alf Alderson）、克里斯·安德森、保罗·贝利（Paulo Baillie）、汤米·贝利（Tommy Bayley）、戴夫·贝尔顿（Dave Belton）、罗汉·布莱克（Rohan Blacker）、哈丽特·克莱弗利（Harriet Cleverly）、詹姆斯·科尔（James Cole）、蒂姆·多恩（Tim Doyne）、威尔·法拉拉、詹姆斯·格林伍德（James Greenwood）、汤姆·哈利法克斯（Tom Halifax）、吉米·赫恩（Jimmy Hearn）、西蒙·马丁（Simon Martyn）、安迪·莫利-霍尔（Andy Morley-Hall）、马克·塞恩斯伯里（Mark

Sainsbury)、斯宾塞·斯金纳（Spencer Skinner）、戴夫·斯特林（Dave Stirling）和安东尼·伍德沃德（Antony Woodward）。

愿你们永远继续着骑行之旅。

附 录

Useful Information

Tyre size

All tyres have an identification code determined by ETRTO (European Tyre and Rim Technical Organization). It's a universal sizing system that consists of two numbers separated by a dash:

- a two-digit number (the inflated cross-section of the tyre in mm); followed by
- a three-digit number (the diameter of the 'bead seat' of the rim bed in mm).

My Continental Grand Prix 4000 S tyres are: 23–622.

Rim size

Rims also have an ETRTO identification code consisting of two numbers separated by an 'x':

- a three-digit number (the diameter of the 'bead seat' of the rim bed in mm, as with tyres)
- a two-digit number (the inside width of the rim in mm).

My DT Swiss RR 1.2 rims are: 622 x 15.

The critical number is the three-digit number: it must match if the tyres are to fit the rim.

Gear size

How we calculate bicycle gears in the English-speaking world is a curious legacy of the 'high-wheeler' or 'ordinary' bicycle: these machines had no gears and so the 'gear ratio' was simply the diameter of the large front wheel (i.e. the distance covered in one complete revolution of it) given in inches. When the safety bicycle – a machine with a chain drive – was introduced, gearing continued to be calculated with this principle in mind: it still is today, even though it has no physical significance. It is calculated thus:

diameter of the drive wheel (in inches) x the number of teeth on the front chainring ÷ the number of teeth on the rear sprocket = 'gear inches'.

On the Continent, and in countries that use metric measurements, a different gear calculation system called *La developpement* (or 'metres in development') is used. It's more practical as it measures, in metres, the distance the bicycle travels for one crank revolution. It is calculated thus:

number of teeth on the chainring ÷ number of teeth on the rear sprocket x diameter of the wheel (in metres) x pi = 'metres of development' (a number to two decimal points).

图片版权

p.12　Peter Zhleutin
p.16　Robert Penn
p.18　Robert Penn
p.21　Bicycle Books
p.34　Jason/Brian Rourke
p.43　Canada Science and Technology Museum
p.44　Coventry Transport Museum
p.47　Nottinghamshire Archives for Raleigh Choppers, 1971–1972 (DDRN4/15/1/143)
p.57　Reynolds
p.62　Historic Hetchins
p.79　Science Museum/SSPL
p.92　Robert Penn
p.95　Ely Museum
p.108　Columbus/Cinelli
p.120　Nottinghamshire Archives for Raleigh Poster 'Down to the Sea', 1950s (DDRN4/18/91)
p.141　Renold PLC
p.143　Nottinghamshire Archives for Humber Poster, 1954–1957 (4/19/7)
p.146　Campagnolo/Lerrj Piazza
p.157　Campagnolo/Lerrj Piazza
p.171　Robert Penn
p.194　Dewey Livingston
p.197　Charlie Kelly
p.209　Coventry Transport Museum

p.219 The Granger Collection/TopFoto
p.246 *Bicycles & Tricycles: A Classic Treatise on Their Design and Construction* by Archibald Sharp
p.248 Brooks England Ltd